WESTEND

MICHAEL ANDRICK

Im Moralgefängnis

Spaltung verstehen und überwinden

WESTEND

Mehr über unsere Autoren und Bücher:
www.westendverlag.de

Die Deutsche Nationalbibliothek verzeichnet diese Publikation in der Deutschen Nationalbibliografie; detaillierte bibliografische Daten sind im Internet über http://dnb.d-nb.de abrufbar.

3. Auflage 2024
ISBN: 978-3-86489-438-1

Umschlaggestaltung: Buchgut, Berlin
Satz: Publikations Atelier, Weiterstadt
Druck und Bindung: Friedrich Pustet GmbH & Co. KG, Regensburg
Printed in Germany

Inhalt

Für meine geliebten Töchter
Helene, Ida und Anna

Die echteste Tyrannei beherrscht die Seelen unbewusst,
denn sie allein ist nicht zu bekämpfen.

Gustave LeBon, Psychologie der Massen

Wir sind das, was wir denken.
Alles, was wir sind, entsteht durch unsere Gedanken.
Mit unseren Gedanken erschaffen wir die Welt.

Buddha (nach *Dhammapada*, 1)

Einleitung

Geistige Offenheit und Toleranz kommen unserer Gesellschaft zunehmend abhanden. Die Diskussionskultur ist vergiftet, moralische Verurteilungen treten an die Stelle der Verständigung über das Gemeinwohl. Wie kam es dazu? Und wie können wir diese unheilvolle Entwicklung wieder umkehren?

Fast jeder, dem ich von meinem Plan zu diesem Buch berichtete, unterbrach mich nach wenigen Sätzen. Und alle – ob Mann oder Frau, alt oder jung, reich oder arm, Doppeldoktor oder ungelernter Arbeiter, auf dem Land oder in der Stadt – *alle* sagten dann im Grunde dasselbe: »Ich muss dir mal was erzählen dazu … wir sind mit diesem Ehepaar schon seit vielen Jahren befreundet, und dann …«

Ja, was dann? Dann kamen Misstrauen, Entfremdung, Feindseligkeiten, manchmal auch die endgültige, mit dramatischen Szenen besiegelte Entzweiung – »wegen Corona«, »wegen des Ukrainekriegs« oder »weil die das rassistisch fanden, was ich gesagt habe«. Jeder scheint so etwas entweder selbst erfahren zu haben oder reichlich Beispiele aus seinem Umfeld und natürlich aus den Medien zu kennen.

An mir nagt nach Jahren heikler und hitziger Auseinandersetzungen um Flüchtlinge, Kriege, Klima und ein Virus ein wachsendes schlechtes Gewissen: zu viele Gespräche, die ich nicht oder nur halb geführt, zu viele Freundschaften, die ich nicht oder nur halb wiederbelebt habe. Ich weiß, dass es vielen ähnlich geht, die sich frisch von Bekannten und sogar Familienmitgliedern entfremdet haben oder die einfach von endlosen Streitereien frustriert sind.

Auf keinen Fall will ich in ein Leben unaufrichtiger Beziehungen voll peinlichen Schweigens und leeren Füllgeplappers hineinstolpern – aus Feigheit davor, die wirklich wichtigen Fragen zu stellen.

Oder weil ich mich nicht traue, sie anders als lauwarm und übervorsichtig, voll Versteckspielerei zu besprechen – so, wie Menschen aus Angst in Diktaturen reden.

Was sollen wir also tun? Kann es überhaupt eine Verständigung mit »den anderen« geben? Mit denen, die (je nach eigenem Standpunkt) entweder die regierungsamtliche Linie akzeptiert oder gegen sie protestiert haben – sei es bei der Finanz- oder Einwanderungskrise, bei Pandemie, Ukrainekrieg oder Klimapolitik? Besteht die Gesellschaft nicht längst nur noch aus chaotisch sich hier und da überlappenden Meinungsfraktionen, die sich bei jedem Streitthema anders zusammensetzen? Sind wir nicht bereits eine *gespaltene* Gesellschaft?

Und egal, ob wir nur eine schwer gestresste oder in der Tat schon gespaltene Gesellschaft sind: Mit wem und wie geht das Leben jetzt weiter? Müssen wir unser soziales Umfeld neu sortieren? Müssen wir damit rechnen, von anderen wegen unserer Meinung zu diesem oder jenem Thema »aussortiert« und geschnitten zu werden? Und müssen wir das vielleicht selbst einigen einstigen Weggefährten antun, weil kein gedeihlicher Austausch mehr möglich ist?

Das kommt für mich nicht in Frage. Und warum eigentlich sollte die *Vielfalt* von Standpunkten überhaupt ein Problem sein? Es ist doch eine Binsenweisheit, dass wir nur durch abweichende Sichtweisen etwas Neues erfahren und dazulernen können. Ich will mit Offenheit für alle, die mir begegnen, durchs Leben gehen, will unbeschwert meine Ansichten kundtun, will anhören und frei diskutieren, was die anderen zu sagen haben. So sollen auch meine Kinder aufwachsen.

Dieser Wunsch ist bei mir Vater eines Gedankens, der mir Hoffnung macht und mir auch den letzten Anstoß zu diesem Buch gab: Wie wäre es, wenn es so etwas wie eine *geteilte* Krisenerfahrung gäbe, von der alle, die heute zerstritten sind oder sich heikel anschweigen, gemeinsam ausgehen könnten, um einen Neuanfang zu machen?

Dieser Gedanke kam mir erstmals, als in Deutschland gerade die Corona-Politik auslief und die Ukraine-Frage in den Mittelpunkt der medialen Aufmerksamkeit rückte. Die schnelle Festlegung auf gewisse Sprachregelungen in den Leitmedien (»tückisches Virus«, »völkerrechtswidriger russischer Angriffskrieg«), das Abkanzeln Andersmeinender mit moralischen Schmähbegriffen (»Corona-Verharmloser«, »Lumpenpazifist«) und das Aufblühen von Kontaktschuld-Vorstellungen (»Wer mit Rechten auf die Straße geht…«, »Putin-Freund Schröder…«) kamen nicht nur mir im Frühjahr 2022 eigenartig bekannt vor.

Die moralisch aufgeladene, im Ganzen friedlose Diskussion des Krieges glich in vielem sehr schnell der Corona-Debatte. Wir wiederholen als Gesellschaft hier ein ungesundes Muster und sollten seine Ursachen erkunden, um künftig wieder ziviler, gedeihlicher miteinander streiten zu lernen.

Mit Blick auf die Corona-Krise – in die wir nicht so akut verstrickt sein sollten wie in die noch »heiße« Kriegsdebatte – gehe ich deshalb in den ersten Kapiteln dieses Essays den folgenden Fragen nach: Gibt es irgendwo einen Standpunkt, von dem aus betrachtet jeder in den letzten Jahren *dasselbe* erlebt hat? Egal, ob als Doppelt-Geboosterter, als Querdenken-Demonstrant oder als weniger Entschiedener irgendwo in der Mitte? Und könnte eine solche gemeinsame Erfahrung uns nicht als Ansatzpunkt neuer Verständigung und Annäherung dienen?

Die Antwort ist: »Ja«. Es *gibt* ein gemeinsam Erlebtes und Erlittenes, auf das wir uns beziehen können, wenn wir wieder aufeinander zugehen möchten. Diese gemeinsame Erfahrungsbasis versuche ich in den ersten Kapiteln schrittweise zu beschreiben – angefangen bei der ungewöhnlich hohen Stressbelastung der letzten Jahre und dabei, wie wir sie bewältigt haben.

An diesen Überlegungen wird vielleicht schon deutlich werden, dass schmerzhafte Konflikte auch ohne bösen Willen der Beteiligten unumgänglich waren. Und wir werden sehen, dass die Kenntnis der am Beispiel »Corona« identifizierten Muster und Mechanismen auch für das Verständnis anderer Kontroversen von Nutzen ist.

Danach geht es mir darum, einige naheliegende Missverständnisse im Zusammenhang mit dem schillernden Begriff »Spaltung« aufzuklären. Z. B. kann man leicht dem Gedanken aufsitzen, die großen Meinungsverschiedenheiten der Menschen seien das Grundproblem oder die sogenannten »Filterblasen« der Sozialen Medien, in denen man nur noch zu hören bekommt, was man ohnehin schon denkt – und sich so mehr und mehr von der eigenen Unfehlbarkeit überzeugt.

Diese Diagnosen erscheinen naheliegend und bequem: Sie haben mit uns persönlich nichts zu tun, sondern verweisen auf die anderen oder auf die Tücken neuer Technologien. Bei näherem Nachdenken aber erweisen sie sich als falsch. Spaltung entsteht nicht durch die Schuld gewisser Leute mit weit auseinanderliegenden Meinungen oder durch neuartige Kommunikationsplattformen.

Spaltung ist ein Gemeinschaftsprodukt vieler Menschen, die bestimmte Umgangsformen pflegen und die so miteinander eine bestimmte Kultur betreiben: *Spaltung lebt vom Mitmachen.* Und machen genügend Menschen bei spalterischen Praktiken mit, so verformt sich die private und die öffentliche Diskussion in der Gesellschaft derart, dass ein zwangloser Austausch unterschiedlicher Ansichten zur selben Sache fast unmöglich wird und eine Atmosphäre von Angst und Misstrauen dominiert. Wir sitzen dann in einer selbsterbauten Zwingburg, die ich das *Moralgefängnis* nenne – auch deshalb, weil wohl jeder am liebsten aus dieser unangenehmen Lage ausbrechen würde.

Der längste Teil dieses Essays ist deshalb der Darstellung und Analyse zentraler Aspekte unserer bundesrepublikanischen Kultur gewidmet. Die Details des Geschehens der letzten Jahre, die Feinheiten der Corona-, Ukraine- oder sonst einer Debatte beschäftigen mich dabei nicht. Mich interessiert als Philosoph hier nur, was sich an diesem Geschehen offenbart hat – wie es *zu verstehen ist* oder *wovon es zeugt.*

Welche Verhaltensweisen und welche psychologischen Mechanismen spielen eine Rolle? Was für eine soziale Dynamik erzeugen diese Faktoren? Was wird unter diesen Umständen mit Absicht getan, was geschieht in der Regel unbewusst oder wird halbbewusst (mit)gemacht? Gibt es typische gedankliche und sprachliche Operationen, die das ungedeihliche Diskussionsklima in Deutschland erklären (und die wir vielleicht auch selbst praktizieren)?

Meine Analyse unserer aktuellen Kultur und der Rolle des Einzelnen in ihr lässt sich in folgender These zusammenfassen: *Spaltung ist eine Infektion der Kommunikationswege mit dem Virus der Moralisierung.* Ich komme zu dem Schluss, dass wir mitten in einer schweren

Epidemie des Kulturvirus *Moralin* stecken – und dass die an einer unbehandelten *Moralitis* leidenden Bürger, zu denen wir durchaus selbst gehören können, sich eine ganz eigene Kultur errichtet haben, die mit einem demokratischen Zusammenleben unvereinbar ist.[1]

Diese Kultur, in der spalterisches Handeln vorherrscht, nenne ich das *Regime des Moralismus*. Seine Kennzeichen sind u. a. Verhaltensweisen wie das gegenseitige Abkanzeln, Stigmatisieren und Umstrittenmachen, aber auch gedanken- und sprachpolizeiliche Initiativen und das Operieren mit Kontaktschuldfantasien. Sogar eigene Institutionen hat das Regime des Moralismus sich erfunden, darunter »Faktenchecker« und staatliche Gesinnungsmeldestellen.

Nicht mehr freiheitliche Politik – d. h. der Interessenausgleich von Andersdenkenden unter Bedingungen bürgerlicher Gleichheit – steht im Zentrum dieser Kultur, sondern die dringend empfundene Pflicht, die Wahrheit gegen den Irrtum durchzusetzen. So entsteht ein von Ausschlussangst und Paranoia geprägtes Diskussionsklima, das den Werten einer freiheitlich-demokratischen Ordnung Hohn spricht und sie jeden Tag aufs Neue auch emotional unglaubwürdig macht. Das Regime des Moralismus erlaubt es nicht, in demokratischem Geist zusammenzuleben. Mit ihm erbauen wir das Moralgefängnis, in dem wir jetzt einsitzen.

Die gute Nachricht dieser kurzen Philosophie zur Verständigung ist, dass es einen klaren Ausweg gibt: Haben wir das Wesen und die Funktionsweise spalterischen Handelns einmal verstanden, so verliert das durch lange Gewöhnung internalisierte Regime des Moralismus seine Macht über uns. Wir werden es dann leicht erkennen, bei den anderen und bei uns selbst, und uns dagegen wehren. Wer sich ein Gefängnis baut, der kann es auch wieder einreißen. Schließlich möchte niemand in Angst und Paranoia leben oder seine Kinder in einer solchen Atmosphäre großziehen.

1 Gemeinsam durch die Angst

Warum so still?

Mittlerweile kennt wohl jeder die Anzeichen von Entfremdung und Vertrauensverlust aus eigener Erfahrung: Verunsicherung im zwischenmenschlichen Umgang, die Entartung politischer Diskussionen zum Pöbelwettstreit, neue Empfindlichkeiten in der Familie, das Zerbrechen alter Freundschaften oder aber ihr qualvolles Lau- und Flauwerden – und das peinliche Schweigen über diese Kümmernisse. Es herrscht Unsicherheit, wie man sich verhalten soll, denn die Ursachen dieser Entwicklungen werden meist nur vage erahnt, aber nicht klar verstanden.

Auf Texte und Interviews, in denen ich mich an der Verarbeitung dieser Erfahrungen versuchte und Erklärungen anbot, erhielt ich öfters die Rückmeldung: »Das ist nicht neu. Das kennen wir spätestens seit der Finanzkrise.«[1] Und tatsächlich: Bei jedem Großthema – ob Flüchtlingskrise, Corona-Politik oder Ukrainekrieg – scheint sich in Deutschland eine schnelle und markante Polarisierung in unseren Diskussionen zu wiederholen, die oft die Sachebene verlässt und in kaum verhohlene Beschimpfung umkippt.

Schnell wurden z. B. Menschen, die Angela Merkels Politik der offenen Grenzen und »Willkommenskultur« für Flüchtlinge in den Jahren 2015 und 2016 mit skeptischen Fragen begleiteten, massenmedial als »rechts« oder »fremdenfeindlich« tituliert. Zugleich konnte es in staatsnahen Medien anscheinend nie genug Berichte über dramatische Flüchtlingsschicksale und die Unermüdlichkeit der freiwilligen Helfer geben. Wer einfach auf eine differenzierte öffentliche Diskussion *aller* politisch relevanten Aspekte des Problems und der realen

Sorgen von Menschen aller Schichten und Hintergründe angesichts dramatischer Bilder hoffte, der wurde enttäuscht.[2]

Ein Interview des *Deutschlandfunk* (*DLF*) mit der Schriftstellerin Juli Zeh vom 28.08.2015 erhellt den Kern des Problems in mustergültiger Weise. Diffamierende Äußerungen Joachim Gaucks (»Dunkeldeutschland«) und Sigmar Gabriels (»Pack«) gegen Straßendemonstranten werden darin zum Anlass genommen, über »Rhetorik in der Flüchtlingskrise« zu sprechen.[3]

Die Romanautorin führt »die fehlende Bereitschaft, die fehlende Fähigkeit der Menschen im Land, mit dem Problem fertig zu werden«, darauf zurück, dass sie »rhetorisch schon völlig falsch darauf vorbereitet« worden seien – durch den Gebrauch von Worten wie »Flüchtlingsstrom«. Die *DLF*-Journalistin Sandra Schulz teilt mit, was das Publikum denkt:

> *[D]ie Forderung nach einer Political Correctness, die werfen uns – das sind die Reaktionen, die wir von vielen Hörern bekommen – die Hörer gerade auch vor. Da wird gesagt, es müssten die Flüchtlinge begrüßt werden und da würden gar keine anderen Meinungen daneben geduldet werden, was natürlich dann auch Vorbehalte durchaus wieder schürt und dazu führt, dass sich auch Menschen vom Rechtsstaat abwenden.*

Nach diesem Einsichtsmoment, dass das Fehlen eines vielstimmigen Diskurses mit unterschiedlichen Meinungen Misstrauen und die Ablehnung offizieller Politik »schürt« und das Vertrauen in den Rechtsstaat schwächen könnte, wird aber schnell wieder deutlich, dass Juli Zeh und ihre Interviewerin ein gemeinsames Projekt haben: den Leuten durch die Wahl der richtigen Begriffe klarzumachen, dass es gar kein Problem gibt. Ansonsten, so erklärt Juli Zeh,

> *ist nämlich irgendwann gar niemand mehr bereit, für eine Flüchtlingsunterkunft zu stimmen und die Sachen einfach so zu sehen, wie sie sind. Es gibt Flüchtlinge, es ist unsere moralische und rechtliche Pflicht, diesen Flüchtlingen zu helfen, und wir können das auch.*

Das ist nicht schlimm. Niemand stirbt davon, wenn er ein Flüchtlingsheim in seiner Nachbarschaft hat, und diese Menschen werden uns keinesfalls die Butter vom Brot nehmen. Es gibt diese Bedrohung überhaupt nicht und das muss man erst mal vermitteln, damit man dann sachlich damit umgehen kann. Solange diese Angstrhetorik herrscht, ist es schwierig, die Leute zum Mitmachen zu bewegen.

Der öffentlich-rechtliche Rundfunk dient hier als Ort der Volkspädagogik von oben herab mit Hilfe einer regierungsunkritischen Intellektuellen. Es wird von vornherein einfach ausgeschlossen, dass Ängste oder Vorbehalte gegen verstärkte Zuwanderung irgendeinen sachlichen Anhalt in der Wirklichkeit haben könnten. Es wird kein Bedarf an einer echten politischen Diskussion gesehen, sondern nur an Erziehung »der Leute« zur richtigen Haltung. Dafür, so erklärt Juli Zeh, habe man »die Worte auf die Goldwaage« zu legen.

Nach der wiederholten Erfahrung, dass in den wichtigsten Medien bei jeder größeren Streitfrage sehr schnell eine Haltung als gut und richtig, alle anderen aber als irgendwie verdächtig erschienen, ist eine allgemeine Vorsicht eingezogen: Man überlegt sich, bei wem man welche Themen anschneidet und welche Ansichten man dabei äußert oder zu erkennen gibt. Manchmal spüre ich selbst, dass ich nach dem Willen der (meist selbsternannten) Beschützer potenzieller Diskriminierungs-, Beleidigungs- oder auch nur Verstimmtheitsopfer jedes Wort vorsichtig abwägen, rhetorisch auf Eierschalen wandeln, ja, Selbstzensur begehen soll.

Diese Atmosphäre ängstlicher Verhaltenheit, einer sanften, aber allgegenwärtigen Paranoia, beunruhigt mich; es herrscht ein *undemokratisches* Klima. Demokratie ist die Entmachtung der Starken, Reichen, durch Abstammung oder Aberglauben Privilegierten – und ihre Einbindung in gleichberechtigte Verhandlungsarbeit mit allen anderen, auch den Schwächsten. Ohne eine tolerante, ebenso geduldige wie streitfreudige Gesprächskultur *kann* Demokratie nicht funktionieren.

Wollen ökonomisch mächtige oder intellektuell überlegene Bürger den respektvollen Streit nicht pflegen, sondern einfach alles zu ihren Gunsten dominieren, so werden sie Wege finden, die Demokratie zur bloßen Fassade ihrer Oligarchie zu machen; mit Geld und Propaganda lässt sich das erreichen.

Wollen normale, also weder besonders reiche noch besonders intellektuelle Leute den respektvollen Streit nicht pflegen, sondern einfach alles zu *ihren* Gunsten dominieren, so werden sie Wege finden, die Demokratie zur bloßen Fassade einer Oligarchie mittelmäßiger Verbandsfunktionäre zu machen; Klüngelei und Ressentiments gegen Bildung vermögen das.

Beide Entartungen eines demokratischen Landes wünsche ich mir nicht als Heimat. Deshalb will ich, dass wir wieder lernen, respektvoll zu streiten. Was heißt das? Ich bin für einen Geist der Toleranz, des ehrlichen Interesses und der Freude an der Auseinandersetzung. Dieser Geist ist es, der ein Klima schafft, in dem wir unsere Ansichten leichthin und offen äußern, unsere Meinung so klar und deutlich erklären, wie wir eben können. Dieser Standpunkt kann dann durch gute Diskussion zum Zwischenhalt auf dem Weg zu besserer Einsicht werden.

Die Intoleranz und das abschätzige Desinteresse gegenüber Haltungen und Ansichten anderer, die ich weit verbreitet sehe, schaffen hingegen ein Klima, in dem wir unsere Ansichten verklausuliert und verdruckst äußern, unsere Ansichten so weichkonturiert dartun, wie wir eben können, oder lieber gleich ganz schweigen.

Damit bestätigen wir den anderen, dass wir fürchten, sie könnten unseren Standpunkt mit ihren Erwiderungen zu unserer ganz persönlichen Endhaltestelle im sozialmoralischen Abseits machen: Da möchte man offen diskutieren, und plötzlich wird man als »Fremdenfeind«, »Russlandversteher«, »Homophober«, »Rechter«, »Coronist«, »Impfnazi« oder »Schlafschaf« abgestempelt.

Ferdinand Kirchhof stellt in der *Neuen Juristischen Wochenschrift* fest:

> *Moralisierende Diskussionstabus gefährden die von Art. 5 des Grundgesetzes intendierte Meinungsvielfalt in gleicher Weise wie staatliche Zensur und Aufsicht. […] Politische und gesellschaftliche Entscheidungen werden nicht mehr in der Gesamtheit der Gesell-*

schaft nach dem freien Willen jedes einzelnen ihrer Mitglieder erörtert, sondern von den Interessen bestimmter Gruppen in der Gesellschaft gesteuert. Die Vielfalt und die Freiheit der Meinungsäußerungen in der Gesellschaft leiden darunter.[4]

So oder so ähnlich wie der ehemalige Präsident des Bundesverfassungsgerichts erlebt mittlerweile eine viel zu große Minderheit, vielleicht schon eine Mehrheit der Deutschen, unser Diskussionsklima.

Umfragen belegen dies: Laut dem Jahresbericht des Ostbeauftragten der Bundesregierung meinten im Osten der Republik Anfang 2023 nur noch 43 % (2020: 50 %), man könne seine Meinung frei sagen, ohne in Schwierigkeiten zu geraten; im Westen sind es noch 58 % (2020: 63 %). Allensbach maß im Sommer 2021, dass dies in Deutschland insgesamt nur noch 45 % glauben; ein Wert, der in den 70er und 80er Jahren der alten Bundesrepublik noch um 80 % lag und dann von 2003 bis 2021 von 72 % auf 43 % absank.[5]

Das ist alarmierend. Äußerungsangst breiter Schichten gibt es in einer gesunden Demokratie nicht. Demokratie besteht ja gerade darin, den Willen der Bürger durch ergebnisoffene Diskussion unter Gleichen in Politik zu überführen. Auch der Bundesjustizminister Marco Buschmann (FDP) bezieht sich zum Neujahr 2023 auf Allensbach und macht sich Sorgen: »Der Anteil der Menschen in Deutschland, die sich gerne mit Andersdenkenden austauschen, geht seit Jahren zurück. Kürzlich ermittelte das Allensbach-Institut nur noch 37 Prozent.«[6] Kaum vier von zehn Deutschen liegt noch daran, zu wissen, was Bürger anderer Überzeugung bewegt. Das läuft auf eine breite Boykottierung des demokratischen Diskurses hinaus.

Es ist jetzt eine dringliche Aufgabe für die Philosophie, die prinzipiellen Zusammenhänge aufzudecken, die dieses Diskurs-Elend verursachen. Nur was wir verstehen, was wir einmal bewusst durchdrungen und begrifflich geordnet haben, können wir auch im Alltag richtig diagnostizieren – und dann gegensteuern.

Sehen wir eine weit verbreitete Zögerlichkeit und Ängstlichkeit, seine Ansichten zu äußern, so müssen wir daraus schließen, dass faktisch keine Demokratie mehr praktiziert wird, mag sie auch formal noch bestehen. Die einst offene Gesellschaft hat sich bereits gefährlich geschlossen. Der soziale Raum, in dem man (wie Theodor W. Adorno es ausdrückt) »ohne Angst verschieden sein kann«, ist bereits stark verengt. Darum ist es so still.

Gelingt es uns nicht, zu einer angstfreien Diskussionskultur zurückzukehren, so könnten wir unser bis 2020 recht liberales Repräsentativsystem verlieren und ganz und gar in einen korrupten Parteienkartellstaat mit repressivem Meinungsregime geraten.[7] Wird nicht mehr freimütig und offen gesprochen, so werden die Mächtigen auch nicht mehr effektiv kontrolliert. Wir leben im Moralgefängnis und müssen einen Weg zurück in die Freiheit finden.

Dümmer und böser als sonst

Beginnen wir beim größten gemeinsamen Nenner aller Streitparteien unserer polarisierten Debatten: dem Stress. Eine »Flüchtlingswelle rollt« auf das Land zu, ein unbekanntes Virus »greift um sich«, ein Krieg »bricht aus« in Europa – jedes Mal eine andere, eindrucksvolle mediale Fanfare auf fast allen Kanälen.

Wir machen (zumindest an der Medienoberfläche) erstaunliche Erfahrungen, erleben deshalb ungewohnte Belastungen und müssen jedes Mal auf Neue den Eindruck gewinnen, dass jetzt Aufgaben vor uns liegen, auf die wir nicht vorbereitet sind. Für solche Situationen hat unser Organismus Stress als überlebensdienliches Programm entwickelt.

Stress ist eine schnelle, radikale Vereinfachung und Konzentration: Unser Körper und Geist bereitet sich blitzschnell auf Kämpfen, Fliehen oder Totstellen vor und stellt dafür alles nicht unmittelbar Notwendige zurück. An sich ist Stress nicht gesundheitsgefährdend, sondern nützlich; nur *dauerhafter* Stress ist schädlich.[8] Und genau den haben wir in den letzten Jahren, besonders konzentriert in den Jahren der Corona-Maßnahmen, in Dauerschleife mit Unterbrechungen erlebt. Angst und Verunsicherung hielten Einzug in den Alltag.

Das bedeutete eine gravierende Beeinträchtigung – ganz egal, welche politischen Überzeugungen jemand während dieser Erfahrungen gehegt hat. Angst und Verunsicherung ziehen die psychologischen Grundbedürfnisse des Menschen in Mitleidenschaft. Seymour Epstein erklärt die vier Pfeiler unserer psychischen Gesundheit wie folgt: Menschen brauchen für ihr Wohlbefinden zuallererst stabile Bindungen und Beziehungen (besonders, aber nicht nur im Kindesalter) und zweitens Autonomie.

Wir wollen aus eigenen Motiven heraus ungestört handeln und dabei aus einer breiten Palette von echten Möglichkeiten auswählen können. Drittens benötigen wir ein gewisses Maß an Sinnesbefriedigung, und schließllich viertens ein zumindest stabiles Selbstwertempfinden, dass sich aus Kommunikation in unserem Sozialverband speist.[9]

Auf allen vier Grundpfeilern unserer psychischen Gesundheit haben wir in den letzten Jahren mehr Last aushalten und balancieren müssen als zuvor. Dieser Stress war keine Bagatelle, er war in der langen Krisenreihung für viele existenziell. Betrachten wir hier nur einmal die Jahre der Virus-Krise: Die Angst, von einem unsichtbaren, schwebenden und ungemein gefährlichen Erreger belagert zu sein, betraf jeden, der sie nicht durch sachgerechte Information auf das richtige Maß mindern konnte.

Das gelang in den ersten Wochen der Aufgeregtheit im Frühjahr 2020 fast niemandem, weil die Informationslage in den großen Medien unübersichtlich war. Später kam die von den Corona-Maßnahmen verursachte Angst hinzu, die besonders gravierend für alle war, die vom öffentlichen Leben und oft auch von ihrem Beruf ausgeschlossen und dabei zu medizinischen Behandlungen mit neuartigen Präparaten genötigt wurden. Für die meisten war diese Nötigung durch Freiheitseinschränkungen gegeben, bei anderen direkt durch die Drohung mit Arbeitsplatzverlust.

Die Autonomie aller war massiv bedroht, weil plötzlich die einfachsten Alltagssituationen zum Gegenstand von tief eingreifenden Verordnungen wurden, zahlreiche Gebote und Verbote beachtet werden sollten, die es so noch nie gab und die quasi über Nacht und oft im Vokabular moralischer Letztverantwortung für Leben und Tod der Mitmenschen zur Pflicht der Solidarität erklärt wurden.

Die Sinnesbefriedigung war eingeschränkt, weil weniger sozialer Kontakt stattfand und viele, insbesondere gesellige Aktivitäten verboten waren. Der Sozialstatus aller, die z. B. als Einwohner von Altenheimen unter der Isolation zu leiden hatten, oder derer, die sich den »Maßnahmen« nicht fügen wollten und andere Auffassungen als die Regierung äußerten, war durch mediale Diffamierung und soziale Ausgrenzung zeitweise schwer beeinträchtigt.

Bei manchen wankten einer oder zwei, bei manchen auch alle vier Grundpfeiler des Wohlbefindens in einer von Stress und Unsicherheit geprägten Lebenssituation. In einer solchen Lage fällt es viel schwerer als sonst, genau nachzudenken und sein Handeln vorsichtig abzuwägen. Aber zurück zum unmittelbaren Umgang mit Stressempfinden.

Anstatt unsere ersten Gedanken zu einem Thema als bloße Gewohnheitsreaktionen aufzufassen und sie erst einmal in Ruhe zu prüfen, legen wir uns sehr schnell und spärlich begründet auf eine Deutung unserer Erfahrung fest – damit wir nicht durch Grübelei gefährlich lange von unseren natürlichen Stressreaktionen Kämpfen, Fliehen oder Totstellen abgehalten werden.

Ein herabgesetztes Reflexionsniveau führt damit zu Begriffsverwirrung, die uns mangels genauen Nachdenkens kaum bewusstwerden kann. Wir handeln also aufgrund verwirrter Begriffe und richten dabei notwendig Schaden an, weil sich unsere Einschätzungen von der tatsächlichen Lage in subjektiver Verzerrung zunehmend entfernen.

Die Fähigkeit zur Einfühlung in andere und zur Anteilnahme an ihrem Erleben, genannt *Empathie*, leidet ebenfalls unter Stress. Anstatt zu fragen, wie der andere die Situation erfährt, was wohl sein Informationsstand, seine Empfindungen und Interessen sein mögen, sind wir nun eher geneigt zu fragen, ob uns von ihm Ungemach droht und wie wir dem am besten entgehen könnten.

Herabgesetzte Empathie führt zu schlechterem sozialen Zusammenspiel, da wir die Bedürfnisse des anderen nicht mehr gut wahrnehmen – ohne uns diesen Tatbestand unter Stress aber so leicht klarmachen zu können. Wir handeln also aus einer weitgehend fühllosen

Selbstfixierung heraus und richten dabei notwendig Schaden an, weil unsere Wahrnehmung der Mitmenschen und ihrer Motive grobkörniger und emotional flacher ist als gewöhnlich.

Stress verdirbt unsere Begriffe, macht sie grob und stumpf, und damit wird unser Verständnis der Wirklichkeit und unserer Mitmenschen verschleiert und verwirrt. Unsere Verstehens- und Verständigungsmittel verfallen rapide ausgerechnet im Augenblick der Krise. Das ist menschlich, es geschieht in jeder Ausnahmesituation – und es geschieht großflächig und durchdringend in der ganzen Gesellschaft, wenn die offizielle Politik eine allgemeine Bedrohung erklärt.

Konfuzius bemerkte in diesem Sinne: »Die Auflösung jeder Ordnung beginnt mit der Verwirrung der Begriffe.« Das Missverstehen unserer selbst und der Mitwelt, in das Stress jeden in gewissem Maße führt, gebiert schlechte Entscheidungen: Wir sagen und tun mehr Dummes und Böses, als unter gesunden Umständen von uns zu erwarten wäre. Damit geben wir unseren Mitmenschen vermehrt Grund, uns zu hassen. Diese stehen unter demselben Stress wie wir, zeigen sich deshalb genau wie wir gerade dümmer und böser als sonst und erregen eher als sonst auch unseren Hass.

Jede der vagen Großbedrohungen, von denen Politiker und Medien uns in den letzten Jahrzehnten erzählen – man denke an Schlagworte wie Lohnnebenkosten, Klimawandel, Terrorismus, Bankenkrise, Migration, Viren … –, halten genau diese Dynamik destruktiver Stressbelastung in Gang. Die Virusangst ist nur die letzte in einer langen Reihe von Leitängsten, mit denen die Bevölkerung belastet war und mit denen auch politisch operiert wurde.

In den Corona-Jahren erreichte die kollektive Stresserkrankung unserer Gesellschaft und unseres politischen Systems ihren vorläufigen Höhepunkt. Das zeigt sich auch in harten Zahlen zur Häufigkeit psychischer Erkrankungen in Deutschland: Zwischen 2001 und 2021 hat sich die Zahl der durch sie verursachten Fehltage der Arbeitnehmer weit mehr als verdoppelt.[10]

Wir können uns demnach gewiss sein, dass unsere gewohnte Ordnung in den letzten Jahren in Auflösung übergegangen ist – sei es im

Familien- und Freundeskreis, im Vereins- und Arbeitsleben, in der Religionsgemeinschaft oder in der politischen Öffentlichkeit. In allen diesen Sphären hat Dauerstress sein Zerstörungswerk gleichermaßen entfaltet, hat die sozialen Bande und das gegenseitige Vertrauen geschwächt. Die Corona-Krise war nur die letzte einer Reihe solcher ungesund geführter und gesellschaftlich schlecht verdauter Kontroversen.

Davon erzählt das peinliche Schweigen einst herzlicher Nachbarn, einst enger Freunde, einst liebevoller Partner oder Geschwister im ganzen Land. Es liegt jetzt an uns, wieder geduldiges Nachdenken und Mitgefühl zu entwickeln. Dazu müssen wir aber gedankliche Hausaufgaben machen und uns ein tieferes Verständnis der Ursachen unserer bedrückenden Erfahrungen erarbeiten. Erst wenn wir wissen, was genau in unseren Diskussionen schiefläuft, können wir uns dieser schlechten Dynamik entziehen und ihr entgegenarbeiten.

Verstehen, nicht verurteilen

Welchen Beitrag habe *ich* zu Spaltung und Entfremdung geleistet? Diese Frage ist irritierend, aber unvermeidlich, wenn wir bewusst Schritte zur Verständigung gehen möchten. Politiker und internationale Akteure hatten und haben in den angstpolitischen Krisen der letzten Jahrzehnte einen gewaltig großen, gelegentlich auch strafrechtlich relevanten Anteil am entgleisten Geschehen.[11] Nur hilft uns diese berechtigte Feststellung im Alltag fast überhaupt nicht dabei, zu entscheiden, wie wir im direkten Umfeld etwas zur Heilung der Verhältnisse beitragen können.

Bei uns selbst aber können wir ansetzen. Was genau Angst und Stress bei einem Menschen anrichten, hängt davon ab, mit welcher Persönlichkeit und unter welchen Lebensumständen er diesen Belastungen begegnet. Jeder ist auf seine unnachahmliche Weise dümmer und böser als sonst, wenn er unter Stress gerät, je nach Prägung, aktueller Befindlichkeit und materiellen Reserven.

Jeder von uns hat deshalb seinen ganz eigenen Beitrag zur großen Entfremdung geleistet und kann nun auch einen ganz persönlichen (und deshalb unersetzlichen) Beitrag zu neuer Verständigung erbringen. Niemand kann hier etwas für einen anderen tun, es handelt sich um eine sittliche Angelegenheit des Einzelnen.

Es mag spitzfindig erscheinen, aber ich spreche hier bewusst von Verständigung, nicht von Versöhnung. Ob Versöhnung zustande kommt, hängt von der Anerkenntnis einer Schuld ab und davon, ob der Misshandelte dem Täter verzeihen kann und will. Verständigung führt an den Rand der Versöhnung, aber ob dieser letzte Schritt dann getan wird, ist nicht vorhersehbar und auch nicht pauschal zu verlangen. Für die Ermöglichung demokratischer Politik, des friedlichen Interessenausgleichs zwischen den Bürgern, reicht Verständigung über die tatsächlichen Erfahrungen und Interessen aus: Man kann sich dann einschätzen und miteinander arbeiten. Verständigung ist politisch notwendig und moralisch hilfreich auf dem Weg zu Versöhnung, aber sie reicht nicht bis dorthin.

Was ist die richtige Haltung zur Frage nach dem eigenen Anteil am unguten Geschehen? Gehen wir das Problem intuitiv mit dem Hauptinteresse an, herauszufinden, was letzten Endes wirklich im Detail geschehen ist und wer dafür genau verantwortlich war, sei es in unseren persönlichen oder den gesellschaftlichen Konflikten, dann ist Vorsicht geboten. Dahinter steckt das menschliche Bedürfnis nachzuweisen, dass wir immer schon recht hatten und die anderen nicht, dass *wir* nichts falsch gemacht und uns nichts vorzuwerfen haben.

Aus dieser (natürlich nachvollziehbaren) Motivation heraus werden wir uns nicht verständigen, sondern einfach in die nächste Konfrontation geraten. Denken wir in Begriffen der gerichtlichen Untersuchung, dann stellen wir uns damit sozusagen den Richterstuhl auf, und wir werden Entlastungszeugen für uns selbst und Beweismaterial wider die »Gegenseite« suchen.

Dieser Ansatz ist nützlich, um sich ein eigenes Urteil über das allgemeine Geschehen zu bilden, aber als Geisteshaltung ist er hinderlich, wenn wir uns mit all den andern Richtern-in-eigener-Sache verständigen wollen, die unsere Mitbürger sind. Dazu haben wir vielmehr eine Haltung des bewussten Verstehen-Wollens nötig, die Spinoza wie folgt formuliert:

> *Ich bemühe mich, das menschliche Tun nicht zu verspotten, nicht zu bejammern und auch nicht zu verurteilen, sondern es zu begreifen. Deshalb betrachte ich Affekte wie Liebe, Hass, Zorn, Neid, Ruhmsucht und Mitleid nicht als Fehler des Menschen, sondern als seine Eigenschaften, die an ihm ebenso natürlich vorkommen wie Hitze, Kälte, Sturm und Donner in der Luft.*[12]

Halten wir zwei Dinge klar auseinander: einerseits die inhaltliche Abklärung, das Begreifen eines Geschehens und seiner Akteure; andererseits die Bewertung der Vorgänge und des persönlichen Anteils Einzelner daran nach unseren moralischen und politischen Wertvorstellungen.

Strikt logisch betrachtet gibt es immer eine Grauzone zwischen Beschreibung und Bewertung, in der das eine in das andere übergehen kann. Es macht einen entscheidenden Unterschied, ob ich z. B. in der Schilderung eines Unfalls sage: »Der Fahrer raste um die Ecke« oder: »Das Auto kam zügig um die Ecke«. Die erste Formulierung mischt durch die Wahl des Verbs »rasen« in der Beschreibung schon die Andeutung einer Bewertung (etwa des Fahrers als verantwortungslos) bei, während die zweite Formulierung nicht in dieser Weise tendenziös ist.

Das Beispiel zeigt, dass wir durch möglichst genaue Wortwahl zumindest versuchen können, Beschreibung und Bewertung auseinanderzuhalten, wenn wir es darauf anlegen. Und diese gedankliche Übung ist Teil der aufklärenden, um Verständnis ringenden Haltung, die gelingende Kommunikation in einer verfahrenen sozialen Lage wahrscheinlicher macht.

Auch wenn wir diese Haltung einnehmen, also mit offenen statt geschlossenen Fragen (»Wie steht es bei euch?« statt »Du hast doch nicht schon wieder grün gewählt?«) in unsere Begegnungen gehen und darauf verzichten, den anderen von Beginn an überzeugen zu wollen, bleibt die Sache strukturell schwierig genug. Denn wir operieren in vermintem Gelände.

Schon beim Formulieren der ersten Zeilen dieses Buches wurde mir bewusst, dass ich mich als Autor, der unsere Situation klären will, nicht einfach durch eine bloße Absichtserklärung außerhalb der Konfliktlinien aufstellen kann: Gehen wir für den Moment davon aus, dass unsere Gesellschaft wirklich *gespalten* ist, so kann man selbst gar nicht *fraktionslos* bleiben.

Jeder Autor gehört wenigstens einer Fraktion der gespaltenen Gesellschaft an und *erscheint* damit logischerweise den meisten Betrachtern auch direkt als Partei in den aktuellen Konflikten. Ob ich will oder nicht, ich werde also als Teilhaber der Entfremdung gesehen werden, die ich analysiere.

Und was für mich an meinem Schreibpult gilt, das gilt auch für jeden meiner Leser im Umgang mit seinen Mitmenschen: Versuchen Sie, Gedanken über die Spaltung zu entwickeln und zu diskutieren, um die Spaltung hinter sich zu lassen, so werden Sie dabei immer damit rechnen müssen, als Vertreter *einer* der sich beharkenden Ansichtsfraktionen betrachtet und behandelt zu werden.

Ich vermute, dass manche Leser meinen Namen im Internet suchen und meine Texte und Interviews überfliegen, um mich einer Fraktion zuordnen zu können. Und dann werden einige von ihnen dieses Buch weglegen, andere es aber umso begeisterter verschlingen: Die einen erwarten vom »Fraktionsgenossen« eine Bestätigung ihrer eigenen Ansichten, ja den Trost einer Gemeinschaft im Geiste; die anderen meinen, den »Andersgläubigen« sowieso nicht bekehren und ganz sicher nichts von ihm lernen zu können.

Um Recht zu behalten, müssen wir alles von uns selbst her denken und beständig urteilen, ob andere unsere Haltung stützen oder nicht. Um zu verstehen, müssen wir hingegen vom andern her denken; vom andern her denken bedeutet praktisch: Fragen stellen und zuhören. Ohne Umschalten von Rechthabenwollen auf Verstehenwollen gibt es keine Verständigung.

In diesem Geiste erarbeiten wir uns jetzt eine Theorie dessen, was oft als »Spaltung« bezeichnet wird, die wir als Orientierungshilfe beim Anknüpfen neuer oder alter Gesprächsfäden nutzen können. Mit dieser Theorie im Gepäck sollten wir nicht mehr so leicht in

Sackgassen laufen oder prinzipiell fruchtlose Konfrontationen anfangen.

Was macht eigentlich eine gute Theorie aus? Eine gute Theorie ist ein Gerüst von Begriffen, die in transparenter Weise durch eindeutige Aussagen miteinander verbunden sind. Schreitet man ihre Zusammenhänge dann in Ruhe ab, so ergeben sich bestimmte Einsichten, die man ohne die Theorie wohl kaum erlangt hätte. Im Vorkapitel haben wir u. a. die Begriffe Angst, Stress und Empathie miteinander in Zusammenhang gebracht und ihr Verhältnis betrachtet.

Außerdem wies ich auf einige Punkte hin, die uns einfach aufgrund dieser Begriffsverhältnisse über unsere gesellschaftliche Lage klar sein können – und zwar *unabhängig* von bestimmten politischen Überzeugungen oder Bewertungen jüngerer oder älterer Ereignisse. Dabei bleibt es für den Rest dieses Essays, denn das ist das philosophische Handwerk: Möglichkeiten aufzeigen, wie man sich seine Erfahrungen prinzipiell erklären und wie man sie mit den Erfahrungen anderer in Beziehung setzen kann.

In diesem Buch arbeite ich in erster Linie am Begriff, am Verstehen des Geschehens, nicht an seiner moralischen und politischen Bewertung. Mein Ziel ist, gedankliche Klarheit über die geistige und soziale Situation nach mehreren Jahren kollektiven Stresses zu gewinnen, damit wir seine Folgen besser bewältigen und unsere Beziehungen wieder in Ordnung bringen können. Das hat *auch* eine politische Seite: Zur Aufklärung gehört es, Entwicklungen und Zustände zu diskutieren, die wir überwinden müssen, weil sie der offenen Gesellschaft sonst auf Dauer den Rest geben werden.

Das Befürchtungsregiment

Als Nächstes beleuchten wir das sehr ungewöhnliche Muster, dem wir unser Verhalten in Situationen kollektiven Stresses anpassen müssen, ob wir das wollen oder nicht. Dabei wird deutlich, dass es in den letzten Krisen gar keines bösen Willens, keiner unverhältnismäßigen

Panik oder Sorglosigkeit bedurfte, um mit seinen Mitmenschen aufs Unangenehmste aneinanderzugeraten.

Um zu dieser Einsicht vorzudringen, ist zunächst zu beachten, dass sich Menschen unter Stress zwar dümmer und böser als sonst verhalten, dies aber deshalb nicht im charakterlichen Sinne auch wirklich *sind*. Aus Wirtschaft und Verwaltung und als Grundsatz guter Führung sind viele mit der Floskel vertraut, man solle anderen stets erstmal »gute Absichten unterstellen«; und für unsere Frage nach dem Umgang mit sozio-politischem Stress liegt in diesem Gemeinplatz eine wichtige Wahrheit verborgen. Menschen tun Dummes und Böses bei lang andauerndem, an- und abschwellendem Stress tatsächlich fast nie mit niedrigem Vorsatz.

Sie tun es vielmehr mit guten moralischen Absichten und oft mit außerordentlichem Mut im Zuge eines Verfahrens der Stressbewältigung, das ich das *Befürchtungsregiment* nennen will. Unser Befürchtungsregiment der Corona-Zeit ist unser persönlicher Beitrag zu sozialer Konfrontation und Entfremdung im Verlauf dieser Krise gewesen, und vielleicht wirkt es bis heute spaltend und entfremdend fort in unserem eigenen Leben und im Leben derer, die wir berühren.

Ich behaupte, dass jeder unter dem Dauerstress der letzten Jahre ein solches kleines Regime über sich verhängt und folglich mit dessen Regeln andere behelligt hat. Dies zu erkennen, an anderen und an sich selbst, ist ein Schlüssel zum Verständnis der gesellschaftlichen Spannungen und zwischenmenschlichen Entfremdungen, die sich bei uns zugetragen haben. Das Befürchtungsregiment macht sowohl begreiflich, was wir Bürger einander an Leid zugefügt haben, als auch, wie Politiker und Medien dieses Geschehen einerseits mit verursachen und andererseits für ihre eigene Agenda ausnutzen können.

Durch die sozial katastrophalen Corona-Jahre ist eine ungewöhnliche Erkenntnisgelegenheit entstanden: Wohl keine politische Agenda hat seit dem Zweiten Weltkrieg je derartig tief ins Alltagsleben eingegriffen, dass jeder Bürger dazu eine Haltung und eine mehr oder minder durchdachte Umgangsweise entwickeln *musste*. Migrationskrise,

Klimawandel oder Bankenrettung konnten die allermeisten in ihrem Lebenskreis einfach ignorieren. Nun mussten sich alle irgendwie zur ausgerufenen allgemeinen Bedrohung verhalten.

Das Wesen und der spezielle Sinn des Befürchtungsregiments verstehen sich am besten vom Begriff der Angst her, wobei wir Angst und Furcht klar unterscheiden müssen. Angst ist ihrem Wesen nach unkonkret, eine bloße Gefahrenahnung: Sie betrifft zuallermeist abstrakte und schon in sich unwahrscheinliche Eventualitäten – wie vielleicht »im Beruf ins Abseits zu geraten« oder »dass die Grundrechte tatsächlich niemanden interessieren«. Furcht dagegen ist auf einen unmittelbar gegenwärtigen Gegenstand oder Sachverhalt hin konkretisierte Angst.

Wer in die Fänge von Angst gerät, lebt im mentalen »Gefängnis der Vergangenheit oder der Zukunft« (Thich Nhât Hanh), verstrickt sich in lähmende Grübelei über Unabänderliches hinter sich und bloß Mögliches vor sich. Die Sorge um ein Atemwegsvirus, das uns umschwebt und das überall »lauern« kann, ist z. B. ein tückischer Spezialfall von Angst: Kann es mich theoretisch nicht überall »erwischen«? Könnte mein nächster Händedruck mein Todesurteil bedeuten? Oder der Atem meines Nebenmanns in der U-Bahn?

Sigmund Freud hat 1895 erstmals die »Angstneurose« beschrieben. Sie ist gekennzeichnet durch intensive Unsicherheit und Nervosität, die aber anders als eine Phobie nicht an einen bestimmten Gegenstand geknüpft ist – wie z. B. die Agoraphobie, die eine konkrete Angst vor offenen Räumen, also keine Angst, sondern eine Furcht im gerade definierten Sinne ist.

Ein Virus, das theoretisch fast überall sein kann, eignet sich als Auslöser einer Angstneurose: Aufgrund seiner potenziellen Allgegenwart könnte jeder Gegenstand oder jede Situation in unserem Leben ein Moment realer Gefahr sein – und damit eben kein *bestimmter* Gegenstand und keine *bestimmte* Situation. Es herrscht im ängstlichen Menschen somit eine pausenlose Anspannung.

Der Schwebezustand der Angst ist unerträglich, wenn er zu lange andauert; zumal, wenn die dramatisierte Vorstellung eines allgegenwärtigen unsichtbaren Feinds uns die ganze Lebenswelt zur Gefahrenzone macht. Die Ungewissheit muss überwunden, die Angst aufgelöst werden. Sie muss in Furcht, genauer noch: in eine glaubwürdige Reihe von *Befürchtungen,* übersetzt werden.

Furcht ist konkret gewordene Angst – eine deutliche Gefahrenwahrnehmung. Wir stehen direkt vor dem gefährlichen Subjekt, Objekt oder in der brenzligen Situation und ängstigen uns nicht mehr; wir *befürchten* jetzt konkreten Schaden in diesem Moment und gehen daran, ihn abzuwenden. Im Aufkommen von Befürchtungen liegt die Erlösung aus der Angst.

Das klingt erstmal befremdlich. Wie sollen Befürchtungen *erlösend* wirken? Um das zu verstehen, versuchen Sie einmal jemandem, der Angst vor etwas hat, ihm diese Angst auszureden: »Das ist gar nicht so schlimm. Die Chance, dass dich das umhaut, ist so groß wie die Chance, dass dich der Blitz trifft.« Das wird keinen Einfluss auf die Angst des anderen haben.

Unsere Einbildungskraft arbeitet besonders gut und eindrucksvoll, wenn sie uns Gefahren vor Augen führen möchte; das war evolutionär fürs Überleben effektiv: Vage Erinnerungen an reichliche Mahlzeiten reichen aus, aber präzise Erinnerungen an den Unterschied von Blindschleiche und Kreuzotter, Steinpilz und Fliegenpilz oder die typischen Geräusche eines Raubtiers sind überlebenswichtig.

Die Angst besteht in der Faszination des Geistes, sich auszumalen, was schiefgehen *könnte* – und da ist der Blitzeinschlag ja nur eine, für sich genommen zugegeben unwahrscheinliche Möglichkeit, aber eben eine unwahrscheinliche Möglichkeit wie tausend andere unwahrscheinliche Möglichkeiten auch, die ja alle zu berücksichtigen sind, und die dann in Summe ja wohl doch Wahrscheinlichkeit aufbauen und … irgendwie wohl doch ernst zu nehmen sind … So fühlen wir jedenfalls; wir addieren die kleinen Wahrscheinlichkeiten unserer Angstszenarien emotional zu einem gefühlt sicheren Desaster.

Aber betrachten wir einmal dies: Ich habe drei Töchter. Wie groß ist die Wahrscheinlichkeit, dass ein Elternpaar drei Kinder bekommt und alle drei sind Mädchen (in der Annahme, bei jeder Geburt sei die Wahrscheinlichkeit 50 %)? Nun, wenn der Ausgang jeder einzelnen

Geburt keine Auswirkungen auf das Resultat der noch kommenden hat, so ergibt sich: 0,5 x 0,5 x 0,5 = 0,125, also 12.5 %. Zwölf oder dreizehn von hundert Paaren mit drei Kindern sollten drei Töchter (oder drei Söhne) haben.

Wir fühlen bei Angstszenarien wie »Ich werde infiziert, werde einen ultraschweren Verlauf haben und danach kaum mehr Geld verdienen können« aber wie folgt (mit fiktiven Zahlen einer fiktiven Erkrankung): Infektion (0,9) + schwerer Krankheitsverlauf (0,03) + bleibende Erwerbsminderung (0,01) = 94 % Wahrscheinlichkeit!

Es fühlt sich an, als würden sich die Kettenglieder aufaddieren zu einer überwältigenden Katastrophenwahrscheinlichkeit, aber tatsächlich ist es bei den gewählten Beispielzahlen so: Ich werde zu 90 % irgendwann eine Infektion haben. Mit dreiprozentiger Wahrscheinlichkeit wird die schwer verlaufen (sagen wir: mit Krankenhausbesuch); also habe ich rechnerisch eine Wahrscheinlichkeit von 0,9 x 0,03 = 0,027 (also 2,7 %) auf einen schweren Krankheitsverlauf.

Zwei oder drei von hundert Erkrankten werden ins Krankenhaus müssen. Und in diesen Fällen bleibt in unserem Beispiel bei einem Prozent eine Erwerbsminderung zurück: 0,027 x 0,01 = 0,00027 oder 0,027 % Eintrittswahrscheinlichkeit – weniger als ein Zehntel Prozent. Keiner von hundert, keiner von 1000 und zwei bis drei von 10 000 werden betroffen sein.

Dieselbe Kaskade lässt sich auch mit diesem Szenario erst erfühlen und dann (zugegeben *sehr* ungefähr …) nachrechnen: »Die Grundrechte werden in einer politischen Krise eingeschränkt und Kritiker zensiert, die Leute gewöhnen sich daran, die Politiker machen es bei der nächsten Krise wieder, wir verlieren unseren Rechtsstaat und Kritiker werden das nächste Mal nicht mehr ›nur‹ zensiert, sondern gleich eingesperrt oder umgebracht.«

Die Wahrscheinlichkeiten jedes Schrittes dieser Kette zur Katastrophe wüsste ich nicht anzugeben, aber sie ist angesichts der ausgiebigen historischen Erfahrung mit Rechtsbeschneidung und gleichzeitiger Ausweitung der Staatsbefugnisse während realer oder erfundener Notstände denkbar.[13] Wir kommen später noch näher darauf zu sprechen, in welche Abgründe angstgetriebene und angsttreibende Politik Gesellschaften stürzen kann, wenn die in ihnen entfachte massenpsychologische Dynamik außer Kontrolle gerät.

Für den Augenblick kommt es psychologisch nur darauf an, dass eine große ungreifbare Gefahr angenommen wird. Es ist egal, wie diese inhaltlich bestimmt ist. Die Angst vor einem tödlichen Atemwegsvirus kann diese Stelle genauso gut ausfüllen wie die Angst, in kleinen Schritten in eine Diktatur geführt zu werden.

Hat jemand einmal verinnerlicht, dass eine große, direkt nicht greifbare Gefahr besteht, so hat er Angst; hat er Angst, so möchte er wissen, wogegen er sich zu wappnen hat, um der Gefahr zu entgehen, und sein Geist beginnt mit dem Durchgehen immer neuer denkbarer Ereignisketten mit maximaler imaginativer Kraft (d. h. mit dem gefühlten Additionseffekt der Kettenglieder, den wir gerade geschildert haben).

Denn eben das scheint es ja zu bedeuten, dass eine Gefahr »groß« und »ungreifbar« ist: Man kann nie sicher sein, sie mit einer Spekulation erfasst zu haben, und muss immer weiter zur nächsten Eventualität, und zur nächsten, und je mehr Eventualitäten man sich in realistischen Farben schön grausam ausgemalt hat, desto schwerer wird der Spekulationsrucksack fürs Gemüt zu tragen, umso überzeugter darf man aber ja wohl auch werden, einer echten Gefahr auf der Spur zu sein, wo doch die bisherigen Spekulationen so schön bunte, grausam aussehende Möglichkeiten ergeben haben. Also schultern wir den Spekulationsrucksack und ziehen weiter zur nächsten Eventualität, denn nur, wenn wir die wichtigsten Eventualitäten abdecken, sind wir der Sicherheit nahegekommen, nicht wahr, und wann genau das erreicht ist, ja, das ist eine weiche Frage ohne klare Antwort … bis uns in dieser atemlosen Spirale Erschöpfung oder eine Panikattacke ereilt und die Frage, wann wir uns *genug* abgesichert haben, pragmatisch beantwortet.

Jetzt sehen wir, warum es eine Erlösung für einen Geängstigten ist, endlich konkret etwas Sichtbares und Greifbares fürchten zu können: Haben wir erstmal Befürchtungen anstelle wabernder Angst (gleich ob vor einem Virus oder dem Aufziehen einer Diktatur), so können wir aktiv werden. Wir sind der großen, ungreifbaren Gefahr nicht mehr ausgeliefert und können etwas tun, um konkrete Bedrohungen zu neutralisieren.

Und nicht nur können wir jetzt etwas tun, wir spüren auch, dass wir es tun müssen: Denn sowohl sich und andere vor einer großen Todesgefahr zu schützen (mit der viele Menschen aller Altersgruppen bzgl. Covid-19 rechneten) als auch die Einrichtung einer Diktatur anstelle der freiheitlichen Ordnung zu verhindern, wird als moralische Pflicht der höchsten Dringlichkeit verstanden und gefühlt.

Nicht nur werden wir also *etwas* tun, um unsere Angst mittels eines Befürchtungsregiments zu überwinden – nein: Wir werden mit Mut und Entschlossenheit (und d. h. oft: mit Intoleranz und Akribie) zur Tat schreiten und uns nicht beirren lassen. Unsere moralische Ganzheit (*Integrität*) hängt daran, dies nicht zu verstolpern. So waren und sind die gleichzeitig stets ungleichartigen Corona-Verordnungen der 17 deutschen Regierungen in Bund und Land wie auch die unzähligen in Familien, Firmen, Vereinen, Kirchen und sonst wo festgelegten »Corona-Regeln« psychologisch zu verstehen. So sind auch die sehr unterschiedlichen Formen von Protest, Widerstand und Verweigerung gegenüber der Pandemiepolitik zu verstehen. Und auch das, was wir in den letzten Jahren selbst im privaten Rahmen an Sonderarrangements getroffen haben und womit wir unsere Mitmenschen oft ungebeten konfrontieren mussten, um unserer subjektiv erkannten Pflicht treu zu bleiben.

Das Regelwerk, mit dem wir die Befürchtungen bewältigen, in die sich die große, ungreifbare Gefahr für uns einmal übersetzt hat, ist unser persönliches Befürchtungsregiment. Es ist unser Notfall-Ethos, mal mehr und mal weniger gut durchdacht, aber grundsätzlich ehrlich gemeint und getragen vom Willen, das Richtige zu tun, wo es einmal darauf anzukommen scheint. In diesem Geist der moralischen Prüfung, der Bewährung unserer Rücksicht auf existenzielle Interessen, sind wir zum Schönsten und Schlimmsten fähig.

Auf die mentalen Mechanismen, die im Befürchtungsregiment wirksam sind, werden wir im Abschnitt »Die Möglichkeit eines totalitären Staates« gegen Ende des Buchs noch näher eingehen. Tatsächlich kann die enorme Energie, mit der Menschen in einem angenommenen Notstand agieren, die Institutionen einer freiheitlichen Ordnung hinwegschwemmen und einem totalitären Staat den Grund legen.[14]

Virusangst oder Virusangst-Angst?

Wie sah das konkret aus? Wir betrachten nun zwei fiktive Familien mit markant unterschiedlichen Befürchtungsregimenten, um die Breite der möglicher Stressreaktionen zumindest anzudeuten. Dieses und das nächste Kapitel kombinieren frei Erfahrungen mit mehreren realen Familien; auf der Tatsachenebene ist nichts einfach erfunden, sondern von realen Begebenheiten abgeschaut.

Jeder mag das Verhalten der Familien Schmidt und Müller bewerten, wie es ihm richtig erscheint. Mir kommt es darauf an, zu vergegenwärtigen, dass wir unter den Vorzeichen einer Ausnahmesituation, die je nach Informationsstand und Informationsquellen anfangs ganz unterschiedliche Beurteilungen zuließ, kaum nach bestem Wissen und Gewissen handeln konnten, *ohne* übergriffig gegen andere zu werden und Übergriffe von ihnen erdulden zu müssen.

Betrachten wir zunächst die Kleinfamilie Schmidt. Der Vater ist Facharbeiter in einem metallverarbeitenden Betrieb, die Mutter arbeitet Teilzeit in der Stadtverwaltung. Die Mediendiät der Familie ist konventionell: Man sieht die *Tagesschau*, liest die lokale Zeitung, die zu einer SPD-nahen großen Verlagsgruppe gehört, und tummelt sich sparsam und eher sporadisch auch online in den sozialen Medien. Der Sohn ist gerade mit der Schule fertig und beginnt eine Ausbildung zum Mechatroniker; seine Freizeit verbringt er in den Tiefen des Internets, mit Sport und Feiern im Freundeskreis.

Mutter Schmidt ist aufgrund der dramatischen Fernsehbilder extrem besorgt und freut sich, im »Homeoffice« bleiben zu dürfen. Als Kind hatte sie einmal eine ernste Lungenentzündung und war damit im Krankenhaus. Sie findet den Gedanken quälend, in die Nähe anderer Menschen zu gehen und gar mit ihnen beisammenstehen zu müssen.

Türknäufe und die Tasten in der Straßenbahn betätigt sie nur noch durch die Manteltasche hindurch und weicht instinktiv zurück, wenn jemand sich nähert. Sie ist erleichtert, als die Regierungschefin erklärt, es sei ernst und man solle es auch ernst nehmen – und »Maßnahmen« verkündet. Endlich unternimmt einer was!

Familie Schmidt schränkt ihre Sozialkontakte auf Betreiben von Mutter Schmidt ein; ihr Mann möchte »erstmal abwarten«, aber er hat sowieso v. a. häusliche Interessen und geht wenig aus. Die Veränderung ist für ihn also überschaubar. Ihren Dienstags-Spieleabend im Kirchenkreis sagt Mutter Schmidt erstmal ab; dann möchte sie wieder teilnehmen, schreibt aber vorher eine Mail an die fünf Freundinnen, dass es ja selbstverständlich sei, dass alle sich vorher testen.

Daraufhin erhält sie teils unkomplizierte »genau, richtig!«-Antworten, aber auch einen empörten Anruf von Silke: »Du wirst doch diese Scheiß-Panik nicht mitmachen! Lass dich nicht verrückt machen. Das ist nur eine böse Erkältung.« »Ich weiß nicht, wie du das so verharmlosen kannst! Hast du die Bilder aus Italien nicht gesehen? Die karren die Toten mit Militärlastern weg!« Mutter Schmidt geht nicht zum Spieleabend und informiert auch alle per Mail darüber, dass das ja nun nicht gehe, wenn man mit Silke eine »Corona-Leugnerin« am Tisch habe, die alle in Gefahr bringen würde.

Überhaupt, die Gefahr: Ihr Mann kommt im Betrieb täglich mit so vielen Leuten zusammen, dass Mutter Schmidt ein Desinfektionsspray vor die Tür stellt und mit ihm plant, wie man weitere Kontakte reduzieren könnte. Bald kommt der Einkauf mit dem Lieferfahrer, was zwar teurer ist, aber sicherer erscheint. Vater Schmidt findet nun manches »übertrieben«, fügt sich aber ihren Vorschlägen.

Auf den Sohn wird eingeredet, er solle sich nicht mit Freunden treffen und auch keine Kumpels nach Hause einladen. Davon will der nichts wissen; er hat auf diversen Internetseiten nachgelesen und sich Videos von Wissenschaftlern angesehen, die Entwarnung geben und vor Panikmache warnen. Das wird von Mutter und Vater Schmidt gekontert, indem der Sohn zum gemeinsamen *Tagesschau*-Gucken verpflichtet wird, wo der »dann schon sehen wird, wie ›harmlos‹ das alles ist«.

Die Familienbande leiden zunehmend, weil der Sohn auf solche »Aufklärungsversuche« mit immer neuem angehörten und angelesenen Wissen in die genau entgegengesetzte Richtung reagiert; er nimmt das Abendessen bald in seinem Zimmer ein und zeigt seiner maskenbügelnden Mutter beim Ausgehen gern einen Vogel.

Über Weihnachten führt das zum Eklat, weil Mutter Schmidt sich weigert, den testunwilligen »Herumtreiber« mit auf die Tour zu den Großeltern zu nehmen. Die Großeltern väterlicher- wie mütterlicherseits schmerzt das, aber das eine besorgte Großelternpaar will nicht widersprechen, weil beide die Ansichten der Mutter Schmidt teilen, das andere traut sich nicht zu widersprechen, weil sie zwar keine besondere Angst haben, aber angesichts der unklaren Nachrichtenlage unsicher sind.

Am Ende dringt zum Sohn Schmidt nur die böse Ansage des besorgten Großvaters durch, er müsse sich »überhaupt nicht mehr blicken lassen«, bis er »doppelt geimpft« sei. Mit dieser Erfahrung im Rücken fallen die Familienfeiern des Folgejahres weitgehend aus bzw. werden schweigend übergangen. Das löst bei den unbesorgten Großeltern schwere Verärgerung und ein Gefühl der Verlassenheit aus, bei den besorgten Großeltern einen Groll, dass der Enkel sich der allgemeinen »Solidarität« verweigere und seine »Pflicht, sich und die anderen zu schützen«, nicht erfüle. Ganz direkt aussprechen wollen sie das aber nicht, denn er hat ja doch das Recht, sich nicht impfen zu lassen.

Jede Veränderung der Nachrichtenlage zum Virus, zu den Impfstoffen und der Maßnahmenpolitik gibt in der Familie Schmidt Anlässe für empfindliche Rechthabereien, und je weiter sich Sohn, Mutter oder Großvater Schmidt in einer Frage einmal aus dem Fenster gelehnt hatten, je entschiedener beharrten sie auf ihren Ansichten; weder wollte man die Sinnlosigkeit gewisser Verrenkungen seines Alltagslebens peinlich eingestehen und also »umsonst« Opfer gebracht haben, noch mochte man plötzlich von Politikern, die man gestern als »Lügner, Verbrecher und Volksverhetzer« tituliert hatte, heute vernünftige Aussagen anerkennen.

Es ist emotional leichter, zu sagen, dass »die Zahlen eben sinken, *weil* wir so vorsichtig waren« oder dass »die Politiker jetzt eben zurückrudern, weil sie gemerkt haben, dass ihre Lügenmärchen rauskommen« – auch wenn diese angeblichen Zusammenhänge zum Zeitpunkt des Gesprächs gar nicht klar belegt werden können.

Wer sich wessen Ansichten und wessen Befürchtungsregiment anschließt, wird auch öfters einfach von hergebrachten Loyalitäten bestimmt: Vater Schmidt steht zu seiner Frau, ihr Sohn zu seinen Kumpels, und andere Verbindungen laufen über drei Ecken und legen fest, wer wem in den Streitigkeiten jeweils den Rücken stärkt.

Verlassen wir die Familie Schmidt; aber würdigen Sie diese an sich banale Reihe von Begebenheiten noch ein wenig und vergleichen Sie sie mit ihrer eigenen Erfahrung der letzten Jahre. Beim Nachzählen sind mir in diesen wenigen Absätzen nicht weniger als ein Dutzend persönliche Kränkungen aufgefallen, die ohne die Ausrufung des Ausnahmezustands niemals erfolgt wären.

Ich kann aber nicht erkennen, dass Mutter, Vater oder Sohn Schmidt mit dem Vorsatz gehandelt hätten, andere zu verletzen; allenfalls könnte man die sich verhärtende Rechthaberei als Sturheit oder mangelnde Selbstkritik auffassen und alle Beteiligten dafür tadeln.

Aber diese Verhaltensweisen sind eben die häufige Konsequenz einer Festlegung auf bestimmte Beurteilungen unter Stress; es wird emotional verteidigt, was man in emotional erregtem Zustand einmal akzeptiert oder verkündet hat. Und mit tätiger Umsetzung einmal gefasster Maximen wächst die emotionale und ideelle Investition in die eigene Haltung, deren Abschreibung als wertlos immer schmerzlicher wird.

Blicken wir noch auf die fünfköpfige Familie Müller: Der Vater nahm das neue Virus zu keinem Zeitpunkt als eine bedeutende Gefahr für seine Familie, sich selbst oder seine Mitbürger wahr. Ihm erschien immer nur die sogenannte »Pandemie-Politik« bedrohlich, mit der die Virusangst der vielen anderen seiner Ansicht nach erzeugt wurde – und die dann die Geister, die sie einmal gerufen hatte, nicht mehr loswurde.

Frau Müller teilte diese radikale Einschätzung nicht und kritisiert ihren Mann gerade anfangs auch in ausfälligem Vokabular, aber betrachtete eben auch viele Aspekte der Pandemie-Politik als »absurd« und »weltfremd«, so dass eine Verständigungsbasis bestand.

Die Unstimmigkeit zwischen dieser im Ganzen entspannten Haltung und dem Geschehen rund um die Müllers und im ganzen Land, ja, wie es schien, in der ganzen Welt, war für Vater Müller eine psychische Dauerquälerei. Er konnte sein Wissen nicht mit den als absurd erlebten Ereignissen um sich herum zusammenbringen und litt massiv darunter. Außerdem rief die politisch orchestrierte, von zunehmend aggressiver Rhetorik begleitete Ausgrenzung breiter Bevölkerungsteile vom öffentlichen Leben im Rahmen von 2G, 3G und Impfwerbung bei Vater Müller Erinnerungen an eigene Ausgrenzungserfahrungen wach.

Seine untypische Haltung zum Zeitgeschehen erklärte sich aber v. a. aus einer Reihe von Zufällen. Anfang 2020 hatte er die Dokumentation *Trust WHO* gesehen und war u. a. deshalb für die Aushöhlung öffentlicher Institutionen durch ihre nicht-staatliche Finanzierung sensibilisiert.[15]

Deswegen suchte er im Frühjahr 2020 gezielt *abseits* offizieller Verlautbarungen nach Informationen über die tatsächliche Sterblichkeitsrate von SARS-COV-2. Schließlich, so erinnerte er sich, hatte er bei Vogelgrippe und Schweinegrippe auch Horrorszenarien von der WHO (World Health Organization, Weltgesundheitsorganisation der Vereinten Nationen) gehört, die niemals auch nur annähernd eintraten.

Bei seiner Suche geriet er an einen der meistzitierten Wissenschaftler der Welt, den Epidemiologen John Ioannidis von der Universität Stanford. Einige Stunden seiner staubtrockenen, faktengesättigten Vorträge überzeugten ihn schließlich, dass das Gefährlichste an dieser Krise die Verbreitung übertriebener Angst war und keinesfalls das Virus.

Ein weiterer wichtiger Zufall: Herr Müller hat Ärzte in der näheren Familie, die mit dem Establishment eines großen Universitätsklinikums gut vernetzt sind. Hier erfuhr er im März 2020 direkt von Klinikärzten, die sich wunderten, dass Betten nach ihrer Vor-Ort-Einschätzung sinnlos freigehalten, Operationen mit schädlichen Folgen verschoben und zudem Anreize aufgebaut wurden, bei jeder Gelegenheit auf das neue Virus *auch bei Gesunden* zu testen – alles völlig untypisch und ihrer gesamten Berufserfahrung widersprechend.

Und er sah, dass den Corona-Maßnahmen sofort Menschen mit Leib und Leben zum Opfer fielen, ganz ohne Corona-Infektion. Kardiologen sagten ihm, dass ihre Praxen plötzlich fast leer waren. Dafür aber starben ihre Patienten vermehrt zu Hause oder im Heimzimmer, nachdem sie kardiologische Symptome ignoriert hatten, um einen Arztbesuch zu vermeiden. Sie starben aufgrund der Angst, die man ihnen medial vor einer Corona-Infektion gemacht hatte.

Sich einer Angstpolitik *nicht* anzuschließen, war deshalb für Vater Müller sofort eine moralische Angelegenheit. In sein Tagebuch notiert er am Montag, dem 23.03.2020, kurz nach Einführung der »Maßnahmen«:

> *Die Krankenhäuser werden nicht annähernd an die Grenzen ihrer Kapazitäten kommen und wir verursachen gerade eine gewaltige psychische und ökonomische Krise in Deutschland, weil niemand es wagt, weniger »entschlossen« als der andere zu agieren. Es erfolgt eine sogartige Gleichschaltung des Denkens und ein brutaler, diskreditierender, persönlich verdammender Ausschluss von auch nur sanften, unpolemisch und argumentativ vorgetragenen Andersmeinungen. Die drastischsten Beschränkungen des Lebens werden von einer Funktionärsriege quer durch alle Parteien einhellig beschlossen und in der Presse von einem Chor der Rechtschaffenen begrüßt, die sich gegenseitig darin überbieten, die Maßnahmen der Regierung zu bestätigen und für »alternativlos« zu erklären. Die kritische Öffentlichkeit kollabiert in eine Jasagerr-Front, der kein Rechtseingriff mehr Sorgen macht, solange nur »das Virus« damit »bekämpft« wird.*

Also erklärt Herr Müller im Frühjahr 2020: »Ich bin nicht dabei. Corona-Politik in dieser Form darf es nicht geben.«

Ihren Grundschulkindern verdeutlicht das Ehepaar Müller, dass auch sie nicht dabei sein *dürfen*: »Es ist nicht so, dass ihr *bei Papa* keine Maske tragen müsst. Niemand sollte je (außer im Krankenhaus vielleicht) eine Maske tragen, und Kinder schon gar nicht. Das ist ungesund und macht traurig.« Und noch eine Botschaft lag ihnen am Herzen: »Wenn alle etwas tun, dann bedeutet das gar nichts. Ihr müsst dann fragen, warum alle dasselbe denken, und selbst nachforschen.«

Mutter und Vater Müller meinen, dass es verfassungswidrig sei, durch die Infektion ungefährdete Kinder einzuschränken, um ein Ansteckungsrisiko für Erwachsene zu vermindern, die sich auch selbst schützen können. Damit würden Kinder als bloße Mittel zum Zweck anderer missbraucht. Das sehen sie als Staatsverbrechen, vor dem sie ihre Kinder bewahren und gegen das sie protestieren mussten.

Das Befürchtungsregiment der Müllers drehte sich deshalb v. a. darum, ihre Kinder vor Misshandlung zu schützen und ihnen so weit als irgend möglich normale Kinderjahre zu ermöglichen, während die Welt um sie herum verrücktspielte. Sie minimierten also den Schulbesuch, meist auf einen Tag die Woche, und unterrichteten die Kinder ansonsten zu Hause.

Vater Müller ging in Elternzeit und fuhr so viel wie möglich mit den Kindern herum: zu Verwandten und Freunden, die er als »normal geblieben« bezeichnete, und in ein kleines Ferienhäuschen, das zu einer Art zweiten Heimat abseits der Angstatmosphäre der Stadt wurde. Vorsichtig klärten die Müllers ab, welche Eltern noch unverkrampfte Interaktionen der Kinder zulassen würden. Verabredungen wurden verbucht wie kleine Siege gegen den allgemeinen Wahnsinn.

Jedes Mal, wenn im Radio oder im Fernsehen von Infektionszahlen, Prognosen, Befürchtungen und Maßnahmen die Rede war, wurde den Kindern erklärt, wie die berichteten Zahlen entstehen, was sie bedeuten und warum sie den Leuten solche Angst machen – und dass diese Angst unbegründet und »die Leute gerade vor Angst verrückt« seien. Ehepaar Müller war sich einig, dass jetzt die Kinder vor einem rücksichtslosen Angriff auf ihre Lebensfreude und ihr Weltvertrauen geschützt werden mussten.

Bei den Schmidts und den Müllers versuchte jeder, den anderen zu helfen: Manche wollten sich und die anderen vor einer Gesundheitsgefahr schützen, andere wollten sie darüber aufklären, dass sie sich zu viel Sorgen machen und dabei Schaden anrichten. Aber das geschah eingebettet in die allgemeine Psychodynamik der Angst, die so viele besondere Befürchtungsregimente schafft, wie Personen im Spiel sind. Damit werden leicht eskalierende Konflikte fast unumgänglich.

Mehr als je zuvor seit dem Zweiten Weltkrieg standen wir die letzten Jahre zusammen auf dem Boden der Angst, und wir spielten miteinander die Spiele unserer Furcht. Wer von der amtlichen Ansteckungsangst angesteckt ist, formuliert seine situativen Befürchtungen, denen er handelnd begegnet. Wer keine Ansteckungsangst hat, muss dennoch auf die der anderen reagieren; so wie die Müllers, die emotional mit Angst vor den Folgen der Infektionsangst anderer Leute für ihre Kinder antworteten. Die entsprechenden Befürchtungen leiteten ihr Handeln.

Unter Angst sind unsere Befürchtungen dominant, unsere Absichten gut und unsere Handlungen gewissenhaft; auf Störungen reagieren wir empfindlich. Wir schützen mit aller Kraft, was wir lieben. Fatalerweise wird derjenige, der die eigenen Befürchtungen nicht teilt, zum Saboteur unseres Befürchtungsregiments, und wir fürchten ihn: Er durchkreuzt unsere Angstbewältigung, und dafür begehen wir an ihm unsere gut gemeinten Bosheiten.

Die deutsche Gesellschaft, in der Familien wie die Schmidts und Müllers einander behelligen, wird oft als »gespalten« bezeichnet. Bisher ging ich stillschweigend von der Annahme aus, dass diese Diagnose im Großen und Ganzen richtig ist; mehr noch: Wir sagten, dass ihre Befürchtungsregimente ihr Beitrag zu Spaltung und Entfremdung gewesen seien.

Am Beispiel der Corona-Krise haben haben wir nun angedeutet, wie das konkret im Alltag aussehen konnte. Bedenken wir, dass *jeder* Mitbürger mehr oder weniger in diese Krisendynamik einbezogen und damit mehr oder weniger ein Ärgernis für manche andere war, so könnte schon jetzt das gegenseitige Verständnis etwas gewachsen sein. Zusammenstöße waren nicht zu vermeiden.

Und auch die nicht direkt in den Lebensalltag ausstrahlenden, aber doch auch mit Angstrhetorik behandelten Themen wie Finanzkrise,

Ukrainekrieg oder »Klimarettung« setzen – in abgestuft geringerem Maße – dieselbe psychosoziale Zerrüttungsmechanik in Gang, die wir gerade durchdacht und an Beispielen vorgeführt haben.

Die Corona-Jahre sind die jüngste und bisher dramatischste Erfahrung mit einer Politik der Angst; das Grundmotiv, das für allgemein erklärte Bedrohungen die Einnahme einer klaren Haltung erheischt und so Erklärungsbedarf in den einmal unbeschwerten sozialen Umgang bringt, ist aber schon lange bekannt. Was wir aus dem Extrembeispiel Corona-Politik ersehen können, das gilt *prinzipiell* auch für jede andere angstgetriebene Kontroverse, die unsere Gesellschaft beschäftigt – egal, ob es gerade um Flüchtlinge, Krieg oder Klimawandel geht.

Nur ist die kollektive Wirkung des Befürchtungsregiments vieler Einzelner in diesen Fällen nicht so eklatant festzustellen, weil die Objekte der Angst – fremde Menschen, militärische Gewalt und Zerstörung, ökologische Probleme – nicht als so nah und unmittelbar bedrohlich erscheinen wie ein unsichtbarer Erreger in der Atemluft. Dementsprechend fließt hier eine etwas schwächere emotionale Energie. Tendenziell geschieht aber immer dasselbe.

In diesem Sinne denken wir jetzt ins Allgemeine und betrachten systematisch, was Spaltung ausmacht und wie sie sozial funktioniert. Dabei werden sich eine Reihe von Erkenntnissen auftun, die ich zu Beginn der Arbeit an diesem Buch nicht erwartet hatte – und die auch manchen Leser überraschen dürften.

2 Spaltung lebt vom Mitmachen

Zwei Fehler und ein Neubeginn

Spaltung ist nicht das, was meist darunter verstanden wird. Man betrachtet sie zu dramatisch und zu pessimistisch. Außerdem gehen ihre Erzeugung und Fortführung, das *spalterische Handeln*, ganz anders vonstatten, als die üblichen Redeweisen bei diesem Thema es voraussetzen.

Beide Grundannahmen, mit denen ich an dieses Buch heranging, haben sich im Schreibprozess als falsch, als unhaltbar erwiesen: Ich dachte erstens, dass die deutsche Gesellschaft gespalten sei; dies ist aber nicht der Fall. Und ich dachte zweitens, dass diese Spaltung etwas mit Meinungsverschiedenheiten zu tun hat; auch das ist falsch.

Als ich ein Gedankengebäude auf dieses schiefe Fundament zu setzen versuchte, fiel es krachend zusammen und ich konnte lange Passagen meiner ersten Version dieses Buchs nur noch ersatzlos streichen. Das war gut. Sich den eigenen Vorurteilen folgend in die Sackgasse denken und dann ganz anders von vorne beginnen: Für echten Erkenntnisfortschritt ist dieser schmerzliche Ablauf ideal.

Jeder Leser, der meine beiden Fehlannahmen – dass Deutschland gespalten sei und dass dies etwas mit Meinungsverschiedenheiten zu tun habe – noch für richtig hält, hat sich mit mir geirrt. Und im weiteren Verlauf dieses Essays kann er jetzt nachvollziehen, wie es zu diesen Irrtümern kommt, was wir aus ihnen lernen können und was es mit Spaltung *eigentlich* auf sich hat. Das sollte von allgemeinem Interesse sein, denn ein Großteil der Deutschen hält laut Umfragen meine anfänglichen Fehlannahmen für richtig.[1] Wir befinden uns kollektiv in einem bisher undurchschauten Irrtum über das Wesen gesellschaftlicher Spaltung.

Beginnen wir mit einigen Feinheiten sprachlicher Bedeutung: Zuerst muss der psychologische Begriff der Spaltung hier aus dem Spiel gelassen werden. Wie ein Blick in jedes Psychologie-Handbuch lehrt, meint dieser einen grundlegenden Abwehrmechanismus des Kindes gegenüber unerträglichen Erfahrungen mit einem an sich geliebten Objekt.

In dieser »Spaltung« erzeugt das Kind je eine »nur gute« und eine »nur böse« Version des geliebten Objekts und handelt sich so ein Pendeln zwischen Extremen wie Vertrauen und Misstrauen, Selbstüberhöhung und Selbstentwertung in der Beziehung zu diesem Objekt ein. Im Gedankengang dieses Buches bezieht sich der Begriff »Spaltung« nicht auf die Einzelpsyche, sondern in nur entfernt verwandter Form auf die materielle Welt und unsere Sozialbeziehungen.[2]

Dabei zeigt sich sofort, dass »Spaltung« ein merkwürdiges Konzept ist. Der Begriff sieht mit einem »Doppelblick« (Friedrich Nietzsche) in die Welt: Er bezeichnet einen Sachverhalt und seine Entstehung, Produkt und Prozess, einen eingetretenen Schaden, aber zugleich auch den Akt (oder die Akte) der Verursachung dieses Schadens.

Mit »Spaltung« ist ein Zustand und somit ein Ergebnis gemeint, das wir zu einem bestimmten Zeitpunkt feststellen können, und zugleich auch die Arbeit oder die Unachtsamkeit, die zu diesem Ergebnis führt. Dieser Doppelcharakter des Begriffs »Spaltung«, zugleich eine Handlungsweise und einen gesellschaftlichen Zustand zu bezeichnen, ist der Schlüssel zu einer Reihe von Einsichten, die uns über die banalen Vorurteile von der »tief gespaltenen Gesellschaft« und der angeblich unversöhnlichen »Polarisierung« der Meinungen hinausführen.

Das Holz ist zu Feuerholz gespalten, weil es mit der Axt entzweigeschlagen wurde: Das *Ergebnis* ist Feuerholz (d. h. ein gespaltenes Stück Holz), der *Akt* der Spaltung war der Schlag mit der Axt. Wäre eine Gesellschaft im selben Sinne gespalten wie ein solches Stück Holz, so läge das daran, dass spaltende Handlungen ausgeführt wurden: etwa von Privatleuten im Rahmen ihres jeweiligen Befürchtungsregiments, von Medienschaffenden auf der Jagd nach Aufmerksamkeit, von Politikern im Rahmen ihrer Strategie oder Kopflosigkeit, oder von allen zusammen.

An dieser Besonderheit des Begriffs, einen Zustand *und* den Prozess seiner Herstellung zu bezeichnen, zeigt sich, dass Spaltung eine ganz eigene Art von Schaden darstellt. Ein Einsturz, eine Explosion oder die Zerstörung einer Sache durch Naturkräfte wie Alterung, Witterung oder Verwesung ist etwas ganz anderes.

All diese zuletzt genannten Schadensarten betreffen grundsätzlich materielle Dinge wie Häuser, Autos oder menschliche Körper; im übertragenen Sinne können wir diese Konzepte dann auch auf ideelle Gebilde wie eine Gesellschaft anwenden, etwa wenn wir sagen, »die Armut ist explodiert«, »die Gesellschaft ist überaltert«, »die Rechtspflege liegt in Trümmern« usw.

Die Bedeutung all dieser letztgenannten Schadensbegriffe ist voll verständlich, ohne sich auf menschliche Absichten zu beziehen. Der Einsturz, die Explosion, die Alterung, Witterung, Verwesung – all dies kann geschehen, kann für einen Sachverhalt die richtige Diagnose darstellen, ohne dass die Absichten, die Handlungen und die Verantwortung von Menschen in die Betrachtung einbezogen werden müssten.

Deshalb lassen sich *solche* Schäden friedlich und schicklich, in gemeinsamer Betroffenheit, Trauer oder Ehrfurcht diskutieren, ohne dass den Diskutanten das Ungemach einer peinlichen persönlichen Ansprache zu ihrer Rolle in der Sache drohen würde. Das ist beim Begriff der Spaltung entscheidend anders. Ein Vulkan kann explodieren, ohne dass ein Mensch damit etwas zu tun hat; ein Stück Holz (um unser banales Beispiel nochmal aufzugreifen) spaltet sich aber nicht von allein. Und schon gar nicht eine Gesellschaft.

Wer also den Begriff »Spaltung« auf die Gesellschaft anwendet, der hat »A« gesagt und muss nun auch »B« sagen: Soll die Gesellschaft gespalten sein, dann *wurde* sie gespalten und wir müssen angeben können, wer das auf welche Weise und mit welchen Mitteln getan hat – ob absichtlich oder unabsichtlich, kann dahingestellt bleiben. Aber wo Spaltung ist, *müssen* individuell zurechenbare menschliche

Handlungen im Spiel sein. Es muss damit auch individuelle Verantwortung geben – und die Möglichkeit, Lehren und Konsequenzen aus dem eigenen sowie aus dem Handeln anderer zu ziehen.

Die »Spalter« müssen nicht zwingend nur die anderen sein. Vielleicht kündet das peinliche Schweigen, das im Moment so laut ist in Deutschland und anderswo, auch von dieser Verlegenheit; jedenfalls muss das spätestens jetzt bei allen Schweigern so sein, die diese Gedanken nachvollzogen haben. Schon ein wenig Begriffsanalyse zeigt: *Spaltung lebt vom Mitmachen.*

Das ist ein unbequemer Denkansatz. Deshalb haben Ausweich- oder Ablenkungsmanöver gute Konjunktur, die uns einen genauen Blick auf das eigene Verhalten zu ersparen scheinen. Zwei solche Manöver handle ich jetzt kurz ab, bevor wir genau analysieren, worin genau spalterisches Handeln eigentlich besteht und wie wir vielleicht selbst daran teilnehmen.

Intellektuelle Ausreden

Eine angenehm selbstferne Erklärung für gewachsene Polarisierung und Feindseligkeit in unserer Gesellschaft lautet in etwa so: Spaltung resultiert aus starken Meinungsverschiedenheiten bei wichtigen Themen. Diese Position hat zwei attraktive Eigenschaften für jeden, der den Schmerz von Entfremdung und Sprachlosigkeit spürt.

Beruhte Spaltung auf starken Meinungsverschiedenheiten bei manchen, aber eben nicht *allen* wichtigen Themen, so wäre das Problem zunächst gut eingrenzbar. Diese Annahme steht, ob ausgesprochen oder nicht, hinter dem selektiven Vermeidungsverhalten, das viele von uns bei Familienfeiern an den Tag legen: peinliches Schweigen über einige Themen, egal wie groß sie still im Raum stehen, und das Übertönen dieser Reizfragen mit anderem Palaver.

Das scheint leichter als eine Konfrontation, von der man sich, anders als bei »harmlosen« Themen, nicht die Verständigung, sondern den Bruch erwartet; man redet über anderes oder gar nicht und wartet auf die Änderung der sozialen Themenlage, mit der die Spaltung dann vorübergehen wird, so wie ein regnerischer Frühherbst uns von einem allzu heißen Sommer erlöst. Überleben sich die strittigen Themen – »Corona« und »Ukraine« z. B. –, so brauchen wir nicht mehr peinlich zu schweigen. Alles wird so fröhlich und unbeschwert wie früher sein.

Aber diese Hoffnung trügt. In der Folge werden wir näher sehen, dass spalterisches Handeln sich tief in unser Denken und unsere Umgangsformen eingesenkt hat und oft gar nicht mehr bemerkt wird. Diese Prägung ist auch dann nicht »außer Kraft«, wenn gerade die »eigene« Mannschaft Fußballweltmeister wird und das Regierungsraumschiff wenig kontrovers »Entlastungspakete« über dem Volk abwirft. Periodisch ist dann weniger Vermeidungsverhalten notwendig. Aber in der dann wiederauflebenden leichten Konversation werden wir uns der Abgründe stets bewusst bleiben, die sie vermeidet.

Ein Journalist, der regelmäßig viele unterschiedliche Leute interviewt, sagte mir: »Die Leute haben einfach so krass unterschiedliche Ansichten, dass sie nicht mehr diskutieren wollen. Sie fürchten den Streit, deshalb sprechen sie nicht mehr miteinander, und so verstehen sie einander immer schlechter, und am Ende ist völlige Funkstille. Dann haben wir Spaltung.«

Das ist eine kluge Begründung der falschen These, nach der Meinungsfreiheit das Problem sei, weil sie die Dynamik des Geschehens beleuchtet. Hier zeigt sich der zweite emotionale Vorteil dieses Irrtums: Wären Meinungsverschiedenheiten Ursache von Spaltung, so wäre jeder fein raus, da *niemand* und *niemandes Verhalten* mit Recht zu kritisieren wäre.

Schließlich kann niemand für die Meinungen anderer verantwortlich gemacht werden. Ich bin sicher nicht für die »krass unterschiedlichen Ansichten« verantwortlich, die meinen Nachbarn von mir trennen, und mit demselben Recht kann jeder sagen, dass er nicht für die »Irrtümer« anderer Leute haftbar gemacht werden kann.

Spaltung erscheint dann als ehernes Schicksal, ein Auswuchs außer Kontrolle geratener Meinungsdifferenzen, die noch verhärtet werden durch die »bösen« Plattformen, die uns in Filterblasen einschließen, in denen wir nur immer mehr vom Gleichen, von unserer Meinung, zu sehen bekommen. Und ist der Eintritt in die eine oder andere Filterblase im digitalen Umfeld nicht faktisch unausweichlich?

Diese Sicht ist deshalb bequem, weil es jedem jede Verpflichtung erspart, selbst etwas für Verständigung zu tun. Das zitierte Modell des Journalisten erklärt aber auch nicht Spaltung, also den Zerfall einer Gesellschaft in Fraktionen, die kaum oder gar nicht mehr kommunizieren (und somit eigentlich getrennte Gesellschaften sind). Es erklärt einfach Zerwürfnisse bestimmter Menschen über bestimmte Fragen, von denen es überall jederzeit viele gibt.

Menschen können als Kollektiv nur mehr oder weniger geteilte Erfahrungen machen – jede individuelle Perspektive aufs Geschehen behält immer rein subjektive Anteile zurück. Selbst mit unerfreulichen Manieren ausgetragene Meinungsverschiedenheiten sind kein Problem (denn Problem ist, was eine Lösung hat), sondern eine *Gegebenheit* menschlicher Gesellschaft.

Was oft die »Spaltung der Gesellschaft« genannt wird, kommt also nicht schon dadurch in die Welt, dass Menschen unterschiedlicher Meinung sind – ganz egal mit welcher Intensität sie einander widersprechen und wie sehr sie sich dabei in Gesinnungsblasen voneinander abschließen. Wäre Meinungsverschiedenheit schon Spaltung, dann wäre jede meinungsplurale Gesellschaft zu jeder Zeit gespalten. Der Begriff »Spaltung« würde dann nichts mehr unterscheiden und wir könnten ihn aus unserem Wortschatz kürzen.

Und nebenbei würden wir mit diesem Kurzschluss auch die Demokratie überhaupt aufgeben. Denn in dieser Ordnung ist Streit nicht der ärgerliche Ausnahmefall, sondern der gewollte Normalfall. Das tiefste Missverständnis am Grunde der hier betrachteten Ausrede liegt darin, dass angenommen wird, Ziel der Kommunikation in einer offenen Gesellschaft sei die Einigung.

Einigung ist aber in der Demokratie nicht das Ziel, sondern Kompromiss im Sinne des Gemeinwohls, also das gerade noch erträgliche Maß an Zugeständnissen aller Parteien an die Interessen der anderen um eines Ergebnisses willen, das wir friedlich vereinbaren und für die Zukunft respektieren können.

Eine gelingende Demokratie ist die Verwaltung unzähliger Meinungskonflikte in einem knirschenden und quietschenden, aber eben friedlichen Gegeneinander. Meinungsverschiedenheiten und auch entsprechende Fraktionsbildungen sind Teil einer demokratischen Ordnung, kein sie gefährdendes Problem.

Was wir »Spaltung« nennen, kann allenfalls als die Praxis oder das Ergebnis eines *destruktiven Umgangs* mit Meinungsverschiedenheiten verstanden werden. Spaltung resultiert nicht »automatisch« aus unseren Differenzen miteinander, aber wir können sie anlässlich von Meinungsverschiedenheiten und Blasenbildung gemeinsam zustande bringen.

Spaltung als Handlungsweise

Erinnern wir uns an den zuvor diskutierten Punkt, dass der Begriff »Spaltung« sowohl das Resultat als auch den Akt (oder die Akte) seiner Hervorbringung bezeichnet. Demnach kann Spaltung generell als Zustand oder als Tätigkeit betrachtet werden.

Der *Zustand* gesellschaftlicher Spaltung scheint mir im Allgemeinen so verstanden zu werden: Eine Gesellschaft ist in Fraktionen (d. h. Bruchstücke) auseinandergefallen, deren Mitglieder nur noch mit Gleichgesinnten intensiv kommunizieren, aber nur noch aufs Allernötigste beschränkt oder gar nicht mehr mit den Angehörigen anderer Fraktionen (den Andersdenkenden).

Diese Auffassung ist falsch. Wo wir nicht mehr über gespaltenes Holz, zersprengte Felsblöcke oder zergliederte Lebewesen sprechen, sondern über die Gesellschaft, führt das einfache Bild von Spaltung als Desintegration in die Irre. Gesellschaftliche Spaltung – so werden wir es jetzt herausarbeiten – ist tatsächlich *nur* als eine Tätigkeit, als eine bestimmte Handlungsweise zu begreifen, und nicht als statischer Zustand der Zerstörung, der, einmal eingetreten, nicht mehr zu heilen wäre.

Eine Gesellschaft kann nicht gespalten sein, ohne aufzuhören, zu existieren; wird sie gespalten, so haben wir eben mehrere Gesellschaften, aber nicht mehr eine. Eine Gesellschaft wie die deutsche, deren Mitglieder dieselben Gesetze einhalten, eine gemeinsame Staatsgewalt respektieren und dasselbe Gebiet bevölkern, mag ein hohes Maß an Entfremdung und Feindseligkeit unter ihren Mitgliedern aufweisen – sie ist aber nicht gespalten.

Eine andere Variante der irrigen Vorstellung, Deutschland sei gespalten, zeigt sich, wenn jemand so spricht, als sei Spaltung eine auf einzelne Streitigkeiten eingrenzbare Sache. Man sagt z. B. »das Land« oder »die Gesellschaft« sei in dieser oder jener Frage »tief gespalten«. Diese Redeweise ist besonders in Kommentierungen von Umfrageergebnissen oft zu hören.

Aber auch das ist eine falsche Verwendung des Begriffs »Spaltung«. Eine Gesellschaft als ganze betrachtet kann entweder gespalten sein oder eben nicht. Zu behaupten, die Gesellschaft sei in dieser oder jener *Frage* gespalten, ist unstimmig, weil es den Schluss erlauben würde, die Gesellschaft sei zugleich gespalten und nicht gespalten: Gespalten, wenn sie gerade eine bestimmte Frage diskutiert, »in der sie gespalten ist«, aber nicht gespalten, wenn sie dies gerade nicht tut. Das ist Unfug.

Es mag zudem sein, dass bestimmte Fragen, etwa zu Themen wie Abtreibung oder Kriegspolitik, eine Gesellschaft stark *polarisieren*, also die mehrheitliche (Selbst-)Zuordnung der Menschen zu Extrempositionen bewirken. Eine Gesellschaft mit lebendiger Demokratie und pluralistischer Diskussionskultur kann aber zugleich viele stark polarisierte Debatten führen, ohne deshalb gespalten zu sein oder sich dadurch zu spalten. Eher im Gegenteil: Eine offene Gesellschaft, in der es stark polarisierte Diskussionen bei allen Fragen gibt, bei denen man sehr unterschiedlicher Meinung sein kann, ist einfach eine *funktionierende* offene Gesellschaft.

Das fälschlich als »gespalten« betrachtete Land ist in Wahrheit eine Gesellschaft gestresster und sich gegenseitig Stress verursachender Menschen. Sie ist eine Gesellschaft, die von *spalterischem Handeln* psychisch verelendet wird. Verantwortlich dafür sind alle die Bürger, die es ausüben. Der Grad ihrer Verantwortung bemisst sich nach ihrer jeweiligen Stellung und dem damit verbundenen Einfluss. Die einen haben Ämter, Reichweite, viel Geld oder andere Vorteile und die anderen nicht – aber spalterisches Handeln beherrschen alle gleichermaßen. Es folgt immer denselben Prinzipien, die wir im Folgenden erkunden werden.

Der Zustand Spaltung hat nur als Extremvorstellung, als Schreckensszenario eine Berechtigung. Als ein solches Szenario zeigt es uns die Richtung an, in die spalterische Handlungen die Gesellschaft treibt: erst in Entfremdung und Vertrauensverlust, woraus dann bei geeignet dramatischem Anlass Demonstrationen, Unruhen, sogar Bürgerkrieg und territoriale Aufsplitterung resultieren können.

Spalterisches Handeln folgt einer eindeutigen Logik und hat konkrete Voraussetzungen, die sich, einmal erkannt, schrittweise beheben lassen. Gesellschaftliche Spaltung ist ein *Verhaltensproblem*, Teil einer undemokratischen Kultur, die Menschen wie wir selbst erzeugt haben und an deren Überwindung wir deshalb selbst mitwirken können.

Wir müssen Spaltung in Hinsicht auf die Gesellschaft also als Tätigkeit und gerade *nicht* als einen schon eingetretenen Zustand verstehen und analysieren. *Spalterisches Handeln* ist unser Problem. Zuerst haben wir uns selbst auf diese schädlichen Verhaltensweisen zu prüfen. Wo wir mit dem Finger auf einen »Spalter« zeigen, weisen drei Finger auf uns selbst zurück.

Eine Infektion der Kommunikationswege

Die Umwandlung der offenen Gesellschaft in ein Moralgefängnis beginnt mit dem spalterischen Handeln des Einzelnen, aber dieses hat selbst eine Ursache, die es zu begreifen gilt. Kurz gesagt: Spalterisches Handeln ist das Ergebnis einer *Kommunikations-Infektion*. Um das zu erklären, setze ich beim Begriff der Gesellschaft an, den wir bisher gebraucht haben, ohne ihn eigens zu definieren.

Die Gesellschaft können wir als ein lebendiges Geschehen betrachten, als den Inbegriff aller Interaktionen der Menschen auf einem Territorium. Manchmal ist der Austausch formal geregelt, bei anderen Gelegenheiten erfolgt er spontan. Und jede Interaktion zwischen Menschen beruht direkt oder indirekt auf *Kommunikation.*

Jeder direkte oder elektronisch vermittelte Austausch unter Personen ist Kommunikation; aber auch das Einhalten einer Verkehrsregel oder der Steuergesetze *beruht auf* Kommunikation. Denn diese Regeln mussten in einem geordneten Verfahren festgelegt, mitgeteilt und durchgesetzt werden.

Kommunikation sollten wir uns dabei nicht als bloß technischen Vollzug vorstellen, etwa ausschließlich nach dem verbreiteten »Sender-Empfänger«-Modell: Jemand formuliert eine Nachricht und »verschlüsselt« dabei den gemeinten Inhalt auf seine Weise durch die ihm passend erscheinenden Formulierungen und schickt die Nachricht ab. Der Empfänger erhält und entschlüsselt sie, um dann auf das so Verstandene zu reagieren und damit das bekannte »Stille Post«-Spiel fortzusetzen.

Das ist zwar ein hilfreiches Modell für eine einzelne Interaktion, aber das Entscheidende in unserem Zusammenhang ist der *Gemeinschaftsaspekt* von Kommunikation: Es handelt sich im lateinischen Wortsinn von »communicare« darum, zu »teilen«, etwas »gemeinsam zu machen«, etwas »zu vereinigen« oder einander »teilnehmen zu lassen«.[3]

Durch Kommunikation wird gemeinsam etwas zustande gebracht, das für alle Beteiligten von Bedeutung und v.a. praktisch belastbar bleibt. Sie ist die Praxis der Gemeinsamkeit, sie baut und erhält das Fundament, auf dem wir als eine Gesellschaft existieren, die sich gegen ihre Umwelt abgrenzt und ihre Eigenheit bewahrt – und in der wir sowohl unsere lebenswichtigen Alltagsvollzüge verlässlich erledigen als auch die öffentlichen Angelegenheiten miteinander aushandeln können, *weil* und *solange* die Kommunikation uns gelingt.

Alles gesellschaftliche Handeln ist also kommunikativer Natur, und deshalb auch das spalterische Handeln. Und weil eine Reihe von unglücklichen Einzelaktionen nicht ausreicht, das gesellschaftliche Klima zu vergiften, müssen wir nach *Verhaltensweisen* Ausschau halten. Halten wir also vorläufig fest: Spalterisches Handeln muss in einem *Kommunikationsverhalten* bestehen, welches das gesellschaftliche Miteinander schädigt.

Spaltungstätigkeit zu entfalten, also zum Spalter zu werden, ist in diesem Sinne eine Kommunikations-Erkrankung, die sich jeder zuziehen kann – die Infektion mit einem Virus, das nicht biologischer, sondern kultureller Natur ist. Es befällt nicht (wie manche seiner biologischen Geschwister) unsere Atemwege, die den Körper mit Sauerstoff versorgen, sondern unsere Kommunikationswege, durch die wir dem Geist seine Anregungen, Konzepte und Vorstellungen zuführen und sie anderen mitteilen.

Einmal eingedrungen, breitet sich dieses Virus dann im Geist aus und verändert dabei unsere Wahrnehmung, unser Denken und dadurch früher oder später auch unser Sprechen und Handeln schleichend so, dass wir zunehmend spalterisch agieren. Dieser Kommunikations-Infekt erzeugt das schmerzliche und schädliche Symptom feindseliger Entfremdung, aber er ist nicht tödlich.

Spalterisches Handeln kann erst in seinem allerletzten Extrem, dem Bürgerkrieg, dazu führen, dass die Kommunikation wirklich zum Erliegen kommt und die Gesellschaft sich tatsächlich aufspaltet. Vor Erreichen dieses Extrems kann aber kein Mensch den Austausch mit allen anderen abbrechen, ohne seelisch und körperlich zu verkümmern.

Ein freiwilliger Gang in die Isolation ist oberflächlich vielleicht vorstellbar, so dass eine Gesellschaft in sich Enklaven bilden und sich dadurch spalten könnte. Diese Vorstellung klingt im Begriff »Parallelgesellschaft« an. Bei näherer Betrachtung jedoch erweist sich diese Art der endgültigen Spaltung der Gesellschaft als Chimäre: Keine Gruppe von Menschen kann sich völlig von den anderen Gesellschaftsmitgliedern abkapseln, ohne den Zugang zur öffentlichen Daseinsvorsorge (Wasser, Internet, Bankkonten …) zu verlieren; hat jemand es so weit getrieben mit seiner »Parallelgesellschaft«, so kehrt er sicher schnell wieder zu weiter verzweigter Kommunikation zurück.

Solange kein Bürgerkrieg ausbricht, können wir uns deshalb sicher sein, dass wir es bei den gesellschaftlichen Schäden durch spalterisches Verhalten nur mit einer *Beeinträchtigung*, einer *Verzerrung* und möglicherweise auch einer Schwerpunkt-Verlagerung der Kommunikation zu tun zu haben. Das ist eine gute Nachricht: Unsere Schwierigkeiten sind überwindbar – wenn die Kommunikations-Infektion, die uns zu Spaltern macht, gründlich erforscht und verstanden wird.

Ich habe die Parallele zu einer Virusinfektion nicht gewählt, um die Zeitläufte aufzugreifen oder einen zweifelhaften Witz zu machen. Tatsächlich trifft diese Analogie sachlich genau zu: Spaltung ist die Infektion der Kommunikationswege mit dem Virus der *Moralisierung*. Es handelt sich um ein kulturelles Virus, kein biologisches. Spalterisches Handeln ist das Symptom, tatsächliche gesellschaftliche Spaltung ist das extreme Resultat einer ungehemmten Ausbreitung des Erregers.

Dieser Erreger – taufen wir ihn nach Nietzsches geistreichem Ausdruck auf den Namen *Moralin* – besteht in einer begrifflichen Verwirrung oder Manipulation (beide Virus-Varianten kommen vor, keine scheint je die andere zu verdrängen).[4] Er dringt über unsere Kommunikationskanäle zu uns vor, nistet sich bei uns ein – und nutzt dann seinen neuen Wirt, um sich weiterzuverbreiten, also andere mit derselben Verwirrung anzustecken bzw. sie ebenso zu manipulieren.

Die Eigenschaften und die persönlich wie gesellschaftlich krankmachenden Wirkungen von Moralin erforschen wir in den nächsten Kapiteln. Danach gehen wir die wichtigsten typischen Unarten einer durch Moralin geschädigten Kultur durch, wie z. B. das Abkanzeln, Umstrittenmachen und Kontaktverschulden.

Dabei werden wir sehen, wie diese moralisch inspirierten Kulturtechniken die politische Diskussion zu einem wahnhaften Treiben verkommen lassen, das den Kontakt zu den Tatsachen der Gesellschaft und des Lebens vollkommen verliert. Das Ergebnis ist die Ausbildung eines moralischen Sendungsbewusstseins, das ganz ohne kritischen Bezug auf die vielfältigen Tatsachen der Welt auskommt und das deshalb den Namen »Fundamentalismus« verdient.

Fundamentalisten meinen, und oft sogar völlig aufrichtig, Andersdenkende bekehren und ihnen notfalls direkt den Mund verbieten zu müssen, damit die von ihnen exklusiv und allgemeingültig erkannte Wahrheit in Ruhe umgesetzt werden kann. Sie betreiben dann ihrer Selbstvorstellung nach, was sie als »Schutz der Demokratie« und überhaupt aller hehren und schönen Dinge (wie Toleranz, Pluralität, Freiheit und Recht) verstehen und richten die Demokratie, die friedliche Selbstregierung eines Volkes durch geordneten Streit, dabei zugrunde.

Unter ihrer Ägide, aber mit der entscheidenden Mitwirkung vieler achtloser Dulder und Mitmacher, wird die offene Gesellschaft zum Moralgefängnis umgebaut. Die Beendigung der Demokratie durch ihre selbsternannten Schützer werden wir näher beleuchten, beispielsweise anhand gesinnungspolitischer Gesetzgebung (etwa gegen »Hassrede«) und ideologisch motivierter Versuche der »Diskurskorrektur« (z. B. durch »Faktenchecker«, staatliche Pressebestechung und offene Zensur).

Schließlich fragen wir noch, warum »westliche« Länder und besonders Deutschland so leicht mit Moralitis anzustecken sind und sich dann so widerstandsarm in repressive Muster fügen. Für diese Immunschwäche werde ich historische Gründe aufzeigen, die niemand, der in Deutschland auch nur die unbedeutendste öffentliche Position innehat, leicht aussprechen kann. Wir beschließen unsere Überlegungen dann mit einigen Vorschlägen zur Überwindung der Moralin-Epidemie, die zugleich unsere Abwehrkräfte für künftige Begegnungen mit dem Erreger stärken sollen – denn er ist nicht ganz auszurotten.

3 Kulturvirus Moralin

Moral, Moralisierung und Demagogie

Bei der Untersuchung von Moralisierung ist ein Kardinalfehler zu vermeiden: Wir dürfen uns vom Phänomen der Moralisierung nicht irre machen lassen, was Moral *als solche* angeht. Es gibt tatsächlich moralische Fragestellungen, die nicht *moralisiert* werden können, weil sie eben bereits moralisch sind. Eine solche Frage ist z. B.: »Ist Abtreibung prinzipiell erlaubt?«

Eine moralische Frage erkennen wir daran, dass wir sie *nicht* mit dem Verweis auf irgendjemandes Festlegungen beantworten können – egal, ob es sich um Gesetzesbeschlüsse eines Parlaments, um Vereinbarungen von Regierungen oder gar um das handelt, was ein Frommer der einen oder anderen Religion für Gebote Gottes halten mag.

Denn jeder solche Antwortversuch auf eine moralische Frage wird unweigerlich die Rückfrage nach sich ziehen, aus welchen Gründen wir denn annehmen sollten, dass das aktuelle Gesetz tatsächlich *gerechtfertigt* ist oder *warum* wir uns an diesen oder jenen angeblichen Ausspruch Gottes oder seines Stellvertreters halten *sollten*.

Stellen wir die Frage »Ist Abtreibung prinzipiell erlaubt?«, so wollen wir kein Referat darüber hören, wo Abtreibung erlaubt und in welchem Land sie verboten ist, oder darüber, was diese oder jene Religion zum Thema sagt. Wir möchten wissen, ob man Abtreibung überhaupt irgendwo und unter irgendwelchen Umständen erlauben *darf*. Nach Maßgabe unserer Antwort auf diese moralische Frage würden wir dann als Abgeordnete eines Parlaments für oder gegen ein bestimmtes Abtreibungsgesetz stimmen.

Wer nach den Normen fragt, an die wir uns halten, der stellt eine politische oder sozialwissenschaftliche Frage: Welche Regeln akzeptieren wir *faktisch*, mit oder auch ohne gesetzlichen Zwang? Wer nach der argumentativen Grundlage, nach dem Fundament von Regeln fragt, der stellt eine moralische Frage: Regeln mit welcher Art von Begründung sollen und dürfen wir überhaupt akzeptieren?

In der Moral geht es um die *Prinzipien*, nach denen wir die Dinge des persönlichen, sozialen und politischen Lebens bewerten und beurteilen. »Prinzip« kommt von lateinisch »principium«, was »Anfang«, »Ursprung« oder »Grundlage« bedeutet.[1] Unsere moralischen Überzeugungen – die uns klar und bewusst sein mögen oder auch nicht – sind der Anfang, der Ursprung und die Grundlage unserer Bewertungen. Sie haben keine gesetzliche Basis, sie bilden selbst den Maßstab, den wir an Gesetze anlegen, um zu entscheiden, ob sie gerecht oder ungerecht sind.

Diese Unterscheidung ist wichtig, um im Laufe der weiteren Überlegungen nicht dem Trugschluss zu erliegen, es gäbe gar keine wirklich moralischen Fragen, sondern nur künstlich *moralisierte* Fragen. Das liefe auf einen moralischen Relativismus hinaus, dem ich grundsätzlich und entschieden widerspreche.[2]

Schreibe ich also hier von der »Moralisierung« einer Äußerung, einer Frage oder eines Themas, so ist damit immer die zumindest unnötige, manchmal aber auch direkt sachwidrige Umdeutung einer Äußerung, einer Frage oder eines Themas in eine Angelegenheit der Moral gemeint.

Diese verhängnisvolle Operation ist das untrügliche Symptom dafür, dass jemand mit dem Kulturvirus Moralin infiziert ist; die Häufigkeit und Heftigkeit der Ausführung dieser Operation zeigen die Schwere der Infektion an – und mithin auch, wie ansteckend jemand für andere ist. Diskutieren wir jetzt zwei schlichte Beispiele für Moralisierung, je eins aus dem privaten und dem politischen Bereich, um das Feld für eine tiefere Analyse des Phänomens vorzubereiten.

Nehmen wir an, der Vater will den monatlichen Großeinkauf machen und bittet die volljährige Tochter, ihm dabei zu helfen. Sie will aber lieber zur Geburtstagsfeier eines Freundes gehen. Daraufhin sagt der Vater: »Du bist immer so egoistisch!« und »Deine Familie ist dir ganz egal.« Er nimmt damit eine kleine Interessendifferenz, zu deren gütlicher Beilegung allgemein bekannte Konventionen zur Verfügung stehen, zum Anlass einer Charakteranklage gegen seine Tochter. Durch die Äußerungen ihres Vaters, die eine harmlose Situation *moralisieren*, wird sie dazu eingeladen, jetzt erstmal nachzuweisen, dass sie *kein* egoistischer, familienvergessener Unmensch ist.

Man könnte dabei einfach anerkennen, dass Volljährige über ihren Tagesablauf allein entscheiden dürfen *und* dass Familienmitglieder einander bei den Alltagsverrichtungen zur Hand gehen. Von diesem Standpunkt gedacht kann der Großeinkauf z. B. verlegt oder in zwei kleinere Einkäufe aufgeteilt werden, von denen Vater und Tochter dann je einen allein erledigen – oder, oder, oder.

Keineswegs ist hier eine moralische Diskussion erforderlich, die auf die Prinzipien zurückgeht, nach denen wir unser Verhalten ordnen und mit denen wir deshalb auch unserer Persönlichkeit (oder dem *Charakter*) Ausdruck verleihen. Die Normen, die einen Ausgleich ermöglichen, sind allgemein bekannt und akzeptiert.

Im politischen Bereich hat sachwidrige Moralisierung prinzipiell weiterreichende negative Auswirkungen als im privaten Kreis, weil mehr Menschen angesprochen werden. Wählen wir wieder ein einfaches Beispiel: Mehrere Parteien möchten einen Zucker-Index auf Warenpackungen drucken, um das Bewusstsein für versteckte Kalorien zu schärfen und gesündere Ernährung zu erleichtern.

Die eine Partei will den Index mittels Ampelfarben gestalten, die andere Partei will stattdessen eine kleine Tabelle in den Farben des Produkts auf die Packungen drucken lassen. Daraufhin wirft man sich gegenseitig vor, man wolle (im Falle der Ampelfarben-Fraktion) »den Bürgern paternalistisch und mit erhobenem Zeigefinger Verbote diktieren« bzw. man wolle (im Falle der Kleine-Tabelle-Fraktion) »seinen Amigos in der Lebensmittelindustrie nicht wehtun und den Warnhinweis zum Schaden der öffentlichen Gesundheit möglichst unsichtbar machen«.

Die Auflösungsmöglichkeiten dieses Konflikts abseits seiner Moralisierung auszubuchstabieren, erspare ich dem Leser; das Prinzip ist dasselbe wie beim Streit zwischen Vater und Tochter anlässlich des Wocheneinkaufs: Moralisierung ist fehl am Platz, weil mit dem Mehrheitsprinzip, parlamentarischer Diskussion und Ausschüssen zur Kompromissfindung die Regeln, die es zur friedlichen Beilegung des Interessenkonfliktes braucht, bekannt und erprobt sind. Mit Leichtigkeit wäre eine kleine, nicht zu alarmistische, aber doch deutliche Ampeldarstellung oder eine mit den Ampelfarben hinterlegte Tabelle für die Produktpackungen vereinbar: Konflikt gelöst.

Wird ein Thema nicht bloß im Zweiergespräch, sondern im politischen Raum, also *in öffentlicher Rede,* moralisiert, so nehmen viele Bürger das wahr. Jetzt stehen die gerade direkt angesprochenen Politiker der Kleine-Tabelle-Partei und der Ampelfarben-Partei vor derselben Aufgabe wie die Tochter des zornigen Vaters – nämlich beweisen zu sollen, dass sie keine »paternalistischen Volkspädagogen« oder »industriekorrumpierten Gesundheitszyniker« sind, kurz: Sie sollen den Vorwurf moralischer Mangelhaftigkeit abwehren.

Aber darüber hinaus sind nun auch alle Zuhörer dieser Auseinandersetzung, die sich als Anhänger der Kleine-Tabelle-Partei oder der Ampelfarben-Partei betrachten, mit von der Schmähung betroffen. Ein führender Politiker, der in öffentlicher Rede einen Gegenstand moralisiert, leitet andere dazu an, diese Moralisierung mitzuvollziehen – jedenfalls sofern sie an seiner Seite, in seiner Partei, in seinem Fahrwasser bleiben und nicht womöglich seinen Zorn auf sich lenken möchten.

Um den privaten und politischen Fall zu unterscheiden, spreche ich im privaten Fall von *Moralisierung,* im politischen aber von *Demagogie.* Demagogie ist Moralisierung im politischen Diskurs – d. h. bei der öffentlichen Diskussion solcher Angelegenheiten, die das Allgemeinwohl betreffen und die deshalb demokratisch nur im freien Austausch unter Gleichberechtigten verhandelt werden können.

Diese tatsächliche, z. B. von der Allgemeinen Erklärung der Menschenrechte und dem Grundgesetz verbürgte Gleichberechtigung der Menschen auch als *Diskussionsteilnehmer* soll Demagogie zweifelhaft machen und aushebeln. Deswegen ist sie um ein Vielfaches zerstörerischer für den sozialen Zusammenhalt als dann und wann ein wenig Moralisierung im privaten Rahmen.

Moralisierung und Demagogie, die private und die öffentliche Variante der Moralin-Injektion, sind immer ein Schritt ins diskursive Extrem, in eine verminte Zone potenziell bitterer Konflikte. Angelegenheiten der Moral sind für uns prinzipiell, d. h. anfänglich, ursprünglich, grundlegend; es geht eben *nicht* um diese oder jene Begebenheit oder Regelung in unserer Umwelt, sondern um unsere *Prinzipien* – um das, was uns als Menschen ausmacht.

Unsere moralischen Prinzipien haben wir im Sinn, wenn wir z. B. sagen: »Ich bin jemand, der darauf achtet, dass…«, »Mir ist im Leben… wichtig« oder »Ich kann es nicht ertragen, wenn…« usw. Welche Prinzipien ein Mensch akzeptiert, nach welchen er handelt, ist der Ausweis seines Charakters. Immanuel Kant definiert diesen Begriff wie folgt: »diejenige Eigenschaft des Willens, nach welcher das Subjekt sich selbst an bestimmte praktische Prinzipien bindet, die es sich durch seine eigene Vernunft unabänderlich vorgeschrieben hat«.[3] So verstanden erweist sich für uns an den Prinzipien eines Menschen, ob wir mit jemandem »etwas zu tun haben wollen« oder eben nicht.

Wer also eine Frage moralisiert, der erklärt den weiteren Verlauf der Diskussion zum Endspiel darum, welche Prinzipien die richtigen sind und welche die falschen, wer der Beteiligten also ein guter Mensch ist und wer nicht. Mit höherem Einsatz kann man in persönlichen Beziehungen nicht spielen. Moralisierung riskiert zwischenmenschlich alles und gefährdet, wo sie als Demagogie an die Stelle von Politik als geordnetem Interessenausgleich tritt, sogar den friedlichen Fortbestand der Gesellschaft.

Was ist und wie wirkt Moralin?

Unser privat wie öffentlich angstbesetztes Diskussionsklima beruht auf der starken Verbreitung des kulturellen Virus der Moralisierung. Die aktive, aber nicht immer absichtliche Moralisierung von Fragen, die den moralischen Modus der Diskussion nicht erfordern, nicht vertragen oder beides, ist die wesentliche Ursache für den hohen Grad zwischenmenschlicher Entfremdung, den wir in Deutschland erleben.

Moralin ist ein *kulturelles* Virus, es besteht also in einer Verhaltensweise unter Menschen, die das soziale Leben so schädigt wie ein biologisches Virus den Körper; verbreitet sich diese Verhaltensweise, weiten sich auch ihre schädlichen Folgen aus. Den Wirkmechanismus (oder das Schadensprinzip) von Moralin zu kennen, ist grundlegend, um die Behandlung der Erkrankung falls nötig bei uns selbst, in unserem Umfeld und gesamtgesellschaftlich auf der richtigen Diagnose aufzubauen.

Das Kulturvirus Moralin verbreitet sich über die Äußerungen der Infizierten. Diese sind meistens mündlich oder schriftlich, können aber manchmal auch in demonstrativen, auf Konfrontation statt auf Austausch angelegten Handlungen bestehen. Ein Beispiel für diesen letzten Fall wäre die vorsätzliche Störung einer Kundgebung durch Straßenblockaden oder das Niederbrüllen oder Übertönen von Rednern.

Wird eine Mehrheit oder eine ausreichend große Minderheit mit diskursiver Macht mit Moralin angesteckt, so können wir auch davon sprechen, dass eine ganze Kultur infiziert ist. Schließlich sind es Menschen in Berufen mit Reichweite wie Journalisten, Politiker, Lehrer, Entertainer, Professoren, Künstler und Verbandsfunktionäre, die mit ihren Äußerungen und Aktivitäten die Kultur eines Landes maßgeblich prägen. Deutschland ist Moralin-Seuchengebiet.

Geistig betrachtet besteht der Einbruch von Moralin in einer begrifflichen Operation, mit der man auf einen Schlag den Fokus (also den Inhalt) *und* den Modus (also die Art und Weise) der laufenden Kommunikation verändert. Im privaten Fall wird der *Fokus* durch Moralisierung vom Sachverhalt auf die Person verlegt, im politischen Fall der Demagogie zumeist vom Sachverhalt auf eine bestimmte Gruppe von Personen. Der *Modus* der Diskussion wechselt bei Moralisierung sowohl im privaten wie auch im politischen Fall immer von Anfrage auf Anklage.

Was wir hier in der Folge v. a. mit Blick auf Moralisierung sagen, gilt wirkmechanisch (oder sachlogisch) auch für gut begründete moralische Beurteilungen, die bei der Diskussion *wirklich* moralischer Fragen geäußert werden. Für Moralisierung wie für legitime Fälle moralischer Diskussion gilt: Sie führen schlagartig und durchschlagend eine neue Psychologie in den gerade erlebten Austausch ein.

Der Akt der Moralisierung verändert unverzüglich sowohl unsere Betrachtungsweise der Menschen, mit denen wir gerade umgehen, als auch unsere Haltung zur aktuellen Situation. Emotional erleben wir Moralisierung einer bisher sachbezogenen Diskussion wie einen plötzlichen Ortswechsel aus gemäßigten Breiten in große Kälte oder Hitze. In diesen neuen Gefilden, so spüren wir, gelten andere Spielregeln als vor der Moralin-Injektion; es geht schlagartig und dramatisch um *mich*, nicht mehr um *etwas*, das sich in sicherer Entfernung außerhalb befindet.

Personalisierung und Anklage, die beiden unmittelbaren Resultate jeder Moralisierung, begeistern (*inspirieren*) die Gesprächspartner zu immer weiteren Aussagen und Aktionen, die derselben Logik folgen – und dieses spalterische Handeln, das immer eine Koproduktion ist, kann dann prinzipiell bis zur realen Spaltung, d. h. bis zum Untergang der sozialen Gemeinschaft eskalieren, in der es auftritt.

Die vernichtete Gemeinschaft muss nicht gleich die gesamte Gesellschaft sein; es ist vielmehr wahrscheinlich, dass erst Familien, Vereine, Parteien und andere Gliederungen durch Moralisierung zu Grunde gerichtet werden, bevor die Gesellschaft als Ganze auseinanderfällt. Eine Moralitis-Epidemie beginnt wie eine Influenza-Epidemie mit einzelnen Übertragungen des Erregers vom einen zum anderen.

Benutzen wir zur Illustration wieder die einfachen Beispiele des kleinen Streits zwischen Vater und Tochter über den Familieneinkauf und, für den politischen Kontext, den Fall des Parteienstreits über die Gestaltung einer Produktkennzeichnung. Als er seine Tochter eine Egoistin nennt und ihr Desinteresse an der Familie vorwirft, wechselt der Fokus von der Sache (dem fälligen Großeinkauf) zur Person der Tochter, und zugleich wechselt der Modus des Austausches von Anfrage (»Wie und wann kann der Einkauf erledigt werden?«) auf Anklage (»Du Egoist!«).

Das Modell erfasst auch das Beispiel des politischen Streits. Ein Politiker der Partei, die markige Farben zur Kennzeichnung des Zuckergehalts von Lebensmitteln vorschlägt, bezeichnet die andere Seite (sinngemäß) als »Industrielobbyisten und Gesundheitszyniker«. Der Fokus wandert von der Sachfrage (Lebensmittelkennzeichnung) zu den Personen, die die Partei vertreten oder sich mit ihr identifizieren; der Modus der Diskussion verändert sich von Anfrage (»Wie finden wir eine für alle annehmbare Kennzeichnungsform?«) auf Anklage (»Industrieinteressen sind euch wichtiger als die Gesundheit!«).

Es gibt auch klassische Beziehungssituationen, die sowohl ihre Giftigkeit als auch ihr kabarettistisches Potenzial aus der Logik der Moralisierung beziehen. Manchmal genügt ein Wort, ein Beiwort (*Adverb*) sogar, um die Moralin-Injektion gekonnt zu setzen. »Du hörst mir *nie* zu.« »Nie«, das bedeutet hier: »Dein Charakter ist so geartet, dass du mir nicht zuhörst; in deinen Wertvorstellungen kommt es nicht vor, mir in der Kommunikation auch nur den grundlegendsten Respekt zu erweisen; ich existiere für dich gar nicht, du egozentrisches Monster.«

Gleichartige Beispiele etwa mit den Ausdrücken »immer«, »andauernd« oder »schon wieder« mag jeder Leser im Geist hinzufügen. Auch ein geschickt gewähltes Tätigkeitswort kann eine Moralisierung bewerkstelligen und den Kommunikationspartner auf dem Marktplatz der Ideen auf die Anklagebank setzen: »Du *verdrehst* mir die Worte im Mund«, »Er *verharmlost* Extremisten«, »Seine Argumente *verhöhnen* die Opfer«.

Wir haben etwas dramatisch davon gesprochen, dass Moralisierung eine Dynamik in Gang setzen kann, die ganze Gesellschaften zerstört. Nun können wir uns das zumindest grob vorstellen: Private Moralisierung kann um sich greifen und zugleich durch öffentliche Akteure wie Journalisten und Politiker aufgegriffen, verstärkt und um neue Moralisierungsgegenstände erweitert werden.

Moralisierung, die öffentlich geschieht, ist nach unserer Definition Demagogie, in einem anderen Wort: Volksverhetzung; sie kann als Anleitung zum (privaten) Moralisieren für die Zuhörer verstanden werden. Die *demagogische* Moralinjektion, in der die einzelne Äußerung eines Menschen, der Schall und Rauch des Augenblicks, zu einer »entlarvenden« Charakteroffenbarung einer bestimmten Gruppe umgedeutet (oder »hochgejazzt«) wird, kann ganze Gruppen gegeneinander aufhetzen.

Verurteilung und Moraldefensive

Es bleibt noch ein besonders hässlicher Aspekt des Handwerks von Moralisierung und Demagogie zu besprechen, den wir alle schon erfahren haben und wohl auch stellenweise betreiben; ein Aspekt, ohne den unsere soziale Lage nicht zu verstehen ist: Moralisierung ist ein Akt der diskursiven *Gewaltausübung*, der immer auch körperliche Gewaltanwendung wahrscheinlicher macht.

Diese Tatsache kommt nie zur Sprache, weil niemand sich einer solchen Gewalttat schuldig bekennen mag – und somit hat unser Alltagsbewusstsein allenfalls eine blasse Ahnung von dieser wohl jedem Wohlgesinnten unwillkommenen Wahrheit.

Die erwähnte Gewalttätigkeit ist nicht abschaffbar, sie liegt vielmehr in der Logik moralischen Denkens und Sprechens, ja, sie ist Teil seiner legitimen *Funktion*. Eine moralische Verurteilung aussprechen bedeutet, sich von einem Standpunkt der Einsicht und Sensibilität aus zu erklären, den man dem moralisch Verurteilten abspricht: Besäße er unsere Haltung und Einsicht, so würde er nicht so handeln, dass wir ihn moralisch kritisieren wollten.

Eine moralische Verurteilung ist deshalb *immer* ein Akt der Arroganz, ein *Hinweggehen* über den anderen. Privat wie öffentlich kann das nur zwei Zwecken dienen: sich ohne Kompromiss mit seinem Standpunkt gegen den anderen durchzusetzen, ihn also durch moralische Verurteilung zum Einlenken auf den eigenen Kurs zu zwingen, oder aber den anderen aus dem gesellschaftlichen Umgang zumindest mit der eigenen Gruppe auszuschließen (was auch aggressiven Charakter hat).

Damit ist nicht gesagt, dass es keine berechtigten moralischen Verurteilungen geben kann; wir hatten schon zuvor daran erinnert, dass es natürlich *tatsächlich* moralische Fragen wie z. B. die nach der Legitimität der Todesstrafe gibt und nicht nur moralisierte. Genau so gibt es auch legitime moralische Verurteilungen, denen ein artikulierbares Wertegerüst zugrunde liegt und die emotional auf echter sittlicher Empörung beruhen.

Das ändert aber nichts daran, dass eine moralische Verurteilung – ob legitim oder künstlich herbeimoralisiert – *ihrem Wesen nach* arrogant und aggressiv ist. Die Drohung, die hinter dem Akt der Moralisierung wie auch hinter legitimen moralischen Beurteilungen immer steht, lässt sich ungefähr so ausbuchstabieren: »Nimm dich jetzt in Acht! Du brichst vielleicht kein Gesetz, aber du brichst mein Gesetz, verletzt meine Werte, gehst meinen tiefsten Überzeugungen von Richtig und Falsch zuwider. Füge dich, oder ich sortiere dich aus!«

Ich schreibe dies unempört; es gehört zum Handwerk der persönlichen Lebensführung, diejenigen aus seinen Kreisen zu befördern, die einem sittlich oder menschlich unerträglich sind. Keiner soll sagen, dass er das nicht täte – auch tief spirituelle Menschen tun das, nur eben freundlich und ohne unnötige Verletzungen zu provozieren.

Es handelt sich um eine Voraussetzung der sittlichen Entfaltung der eigenen Persönlichkeit; man kann (und sollte) sich auch nicht mit jedem abgeben und so seine Kräfte wie seine Zeit vergeuden. Nur sollten wir uns bewusst sein, was genau wir da tun, wenn wir privat moralisieren oder echte moralische Empörung ausdrücken, um »auszusortieren«. Ansonsten hantieren wir unbewusst oder halbbewusst mit der schärfsten Waffe, die wir in unseren Sozialbeziehungen einsetzen können.

Das Sich-Vorwagen und ultimative Sich-Festlegen in einer Auseinandersetzung, das gleichermaßen im moralischen Beurteilen wie im Moralisieren liegt, bedingt immer auch ein erhöhtes Gefährdungsempfinden. Jeder moralisch vorgetragene Angriff erzeugt beim Angreifer selbst direkt das Bedürfnis nach defensiven Vorkehrungen. Dem Element der Moraldefensive entsprechen zwei Verhaltensmuster, die wir aus erhitzten Diskussionen und dem Sozialleben um uns herum alle kennen dürften: Rückzug oder Allianzbildung.

Zum einen kann der Moralisierer wie auch der ehrlich moralisch Empörte die Gefahr einer wirksamen Replik auf seine Angriffe und damit einer Bloßstellung auf offener Bühne dadurch für den Moment ausschalten, dass er sich wütend oder – psychologisch oft wirksamer – sichtlich verletzt und beleidigt aus der eskalierten Situation zurückzieht.

Das gibt den anderen die Möglichkeit, sich *abseits* des Streitgegenstandes über persönliches Trösten und Bedauern der erzeugten Verletzung wieder ins Benehmen mit dem Moralisierer zu setzen, ohne die inhaltlichen Fragen neuerlich aufzugreifen (denn wer will das schon, wenn doch solch dramatische Reaktionen zu erwarten sind…). Das verlegt die Meinungsverschiedenheit in den beschwiegenen Untergrund der Beziehung und »fälscht« in diesem Sinne den Umgang der Beteiligten.

Das Bedürfnis nach Risikominderung lässt Moralisierer und moralisch Empörte auch natürlicherweise zur Allianzbildung tendieren. Kann man sich schnell mit erkennbar Gleichgesinnten solidarisieren, so wird die prekäre Position gefühlt etwas sicherer. Das ist der Übergang, die Wechselwirkung, man kann sagen: die Dialektik des Moralisierens; schroffe Abgrenzung gegen den oder die einen bedingt den Wunsch nach umso wärmerer Integration mit den anderen, den eigenen »Mitstreitern«.

Ein Moralin-Infizierter will nicht nur seine eigene Abgrenzung vom anderen, er will zugunsten seiner eigenen Sicherheit naturgemäß auch die Unterscheidung zwischen *uns* und *ihnen*: zwischen denen, die sich ebenso wie ich festgelegt haben, und denen, von deren Position und Verhalten ich mich durch Moralin-Injektion absetzen wollte.

Sowohl die Neigung zur oft künstlichen, manchmal regelrecht manipulativen Dramatisierung der Interaktionen als auch die Tendenz zur Parteienbildung liegen *im Wesen* sowohl des Moralisierens als auch echter moralischer Empörung. Das zu wissen, ist zum Verständnis dessen, was »gesellschaftliche Spaltung« genannt wird, von entscheidender Bedeutung. Wir werden diesen Aspekt bei der Analyse des Krankheitsbilds einer Moralitis im nächsten Kapitel im Hinterkopf behalten.

Für den Moment ist festzuhalten: Moralisierung und Demagogie – d. h. *spalterisches Verhalten* im Privaten und in der Öffentlichkeit – sind aus Angst oder Abneigung geborenes Dominanzstreben. Es ist inhärent gewalttätig. Dem Spalter geht es (bewusst oder unbewusst) um die Herstellung von Sicherheit und Berechenbarkeit für sich selbst durch Beherrschung der anderen, die er als Bedrohung seiner Interessen oder gar seiner Person erlebt.

Diese Bedrohung kann im Widerspruch der anderen gegen eigene Prinzipien oder Ansichten gesehen werden, die man dann mittels Moralaggression zu verteidigen meint; oder aber die empfundene Bedrückung gründet in Verunsicherung über die eigene soziale Zugehörigkeit angesichts offenkundig tiefer Differenzen mit anderen. In diesem Falle werden wir nicht aus Wut oder Ärger, sondern aus Angst möglicherweise moralaggressiv.

Im Befürchtungsregiment, das wir uns während der Krisenzeit geben mussten und das wir an den Beispielfamilien Schmidt und Müller diskutiert haben, kommt genau diese Psychodynamik der Moralisierung zum Tragen. Sowohl die hier diskutierten aggressiven wie die defensiven Momente werden dem ins Auge fallen, der das Kapitel »Virusangst oder Virusangst-Angst?« noch einmal darauf hin liest.

Im Privaten stellt Moralisierung Sicherheit entweder durch Abbruch der Beziehung oder durch Einlenken des anderen her, sofern der sich von unseren Schlägen mit der »Moralkeule« beeindrucken lässt. In der Öffentlichkeit streben Demagogen nach Sicherheit und Berechenbarkeit für sich selbst, indem sie die Mitbürger durch Moralin-Injektion in eine Debatte in Parteien von »gut« und »schlecht« auseinanderzwingen und diese gegeneinander positionieren. Dieses Prinzip von »teile und herrsche« wird öffentlich *kalkuliert* meist von denen angewandt, die sich als Mitglied einer Mehrheitsfraktion wähnen.

Diese Analyse von Moralaggression und Moraldefensive zeigt, dass ein ansonsten vernünftiger Mensch um die sachliche Schwäche seiner eigenen Position weiß, wenn er Moralisierung oder Demagogie anwendet. Sowohl Moralisierung als auch Demagogie liegt beim Handelnden entweder die Angst oder (im schuldhaften Fall) das klare Wissen zugrunde, dass man im Wettstreit unter Gleichen bei fairen Diskursbedingungen mit seinem Anliegen nicht bestehen würde.

Wo die eigenen Argumente nicht überzeugen oder aber allzu offensichtlich nichts mit irgendeinem gemeinsamen Interesse (dem Gemeinwohl) meiner Zuhörer und mir zu tun haben, da ergreifen wir andere Mittel, die nur in irgendeiner Form der Gewalt bestehen *können*. Spalterisches Verhalten – Moralisierung und Demagogie – ist demnach Ausdruck der Unfähigkeit oder Unwilligkeit, eine Pluralität von Haltungen und Standpunkten auszuhalten (d. h. zu *tolerieren*); also Ausdruck eines intoleranten Willens zur Macht, zur Durchsetzung, zur Gewalt.

Wieder wird deutlich: Meinungsverschiedenheiten sind *nicht* die Ursache, sondern nur der Anlass und das Material spalterischen Handelns, das aus Angst und Unsicherheit entspringt und die eigenen Interessen durchsetzen soll, ohne auf die besseren oder schlechteren Gründe in der Sache noch Rücksicht nehmen zu müssen. Moralin ist ein tückischer Erreger; er inspiriert zu Gewalttätigkeiten im Gewand und Gefühl moralischer Rechtschaffenheit.

Die emotionalen Mauern, die Moralisierung und Demagogie dabei errichten, erlauben ein Gefühl sicherer Fraktions-Zugehörigkeit, aber sie engen auch den sorglosen sozialen Umgang ein. Aggressive Angriffs- und Verteidigungsbewegungen, wie sie in moralinsaurer Atmosphäre notwendig erscheinen, binden Aufmerksamkeit und Energie, die auch auf die Stiftung konstruktiver und beglückender Gemeinsamkeit verwendet werden könnte.

Das Bild eines Moralgefängnisses gewinnt psychologisch Kontur; wir handeln unter den Bedingungen einer Moralitis-Seuche nicht in freier Selbstbestimmung, sondern nach pathologischen Mustern. Mehr noch: Denken wir die Tendenzen fort, die in der gerade geschilderten Dynamik stecken, so zeigt sich, dass Moralitis und Freiheit grundsätzlich nicht zusammen bestehen können.

Moralitis und Freiheit

Die hier entwickelte Diagnose von Angriff und Defensive im Bereich des Moralischen oder des Moralisierten kann richtig sein, auch wenn Moralisierer und Demagogen in der Regel bei ihrem Tun gar keine Gewaltanwendung, weder diskursiv noch gar körperlich, im Sinn haben – und wenn sie dies gar weit von sich weisen würden. Anders gesagt: Was wir tatsächlich tun, muss mit dem, was wir zu tun meinen, nicht zwingend etwas zu tun haben. Fielen Tun und Denken nicht öfters auseinander, so gäbe es über sich selbst nie etwas dazuzulernen.

Moralisierung ist eine schwerwiegende, folgenreiche Operation und geschieht doch fast immer versteckt, manchmal sogar *doppelt* versteckt. Obwohl es leicht möglich wäre – z. B. indem man sagt: »Betrachten wir das mal moralisch«, und dann fortfährt –, wird Moralisierung fast nie offen angekündigt, und oft ist sie dem Sprecher auch überhaupt nicht bewusst.

Es handelt sich damit um ein Tun, das ebenso oft aktiv verborgen wird, wie es dem Täter selbst einfach verborgen bleibt. Meistens sind mehrere Rückverfolgungsschritte notwendig, bis wir den Punkt auffinden können, an dem ein bestimmter Austausch durch Moralin infiziert wurde. An dieser Detektivarbeit haben wir allerdings alle jederzeit ein echtes Interesse.

Wir kennen jetzt den Wirkmechanismus von Moralin und ahnen, dass die von ihm verursachte Störung des Sozialverhaltens ernsthafte negative Folgen für uns selbst und unsere Umgebung hat. Was genau richtet das Virus im Seelenhaushalt des Menschen an, und wie wirkt es sich auf das soziale Gefüge aus, in das wir eingebunden sind? Wie äußert sich Moralitis?

Sowohl geistig-individuell wie auch politisch führt eine unbehandelte Moralitis langsam, aber sicher zur Beendigung der Freiheit, zum Einzug ins Moralgefängnis. Zuerst geht es jetzt um die Verengung, Erstarrung und Misshelligkeit, die der Infekt ins Leben des Einzelnen bringt. Danach analysieren wir den kollektiven (politischen) Weg in die Unfreiheit: das Verenden der Demokratie im Regime des Moralismus.

Setzen wir bei einer persönlich wie politisch relevanten Auswirkung von Moralin an, bei der schon erwähnten Tendenz zur »Blasenbildung« Gleichgesinnter. Spalterisches Handeln bedeutet für seine Täter zugleich eine Verengung ihres Kommunikationsradius wie die Intensivierung ihrer Kommunikation im verbleibenden Radius; denn es muss nun mit teils neuen, aus einem kleineren ideologischen und vielleicht auch räumlichen Umkreis stammenden Menschen der *ganze* Gemeinschaftsbedarf des Lebens gedeckt werden.

Tendenziell haben wir es in einer stark durch Moralin geschädigten Gesellschaft persönlich also mit weniger unterschiedlichen Leuten zu tun, die deshalb geistig wie praktisch füreinander auch weniger stützend und hilfreich sind. Das begünstigt die Zementierung der eigenen Ansichten und Vorurteile, verkümmert den Lernwillen und damit auch die Lernfähigkeit. Moralisierung vermindert somit tendenziell den Wissenstand und das Können, sie führt in eine Dynamik fortschreitender Idiotisierung auf Überzeugungsinseln.

Auf dieser allgemeinen Tendenz moralindurchseuchter Gesellschaften beruht eine ungute Dynamik, die der einzelne Moralitiskranke um sich her verbreitet. Seine Verhaltensstörung strahlt ins Umfeld des Betroffenen in einer Weise aus, die ihn immer enger in die selbstgemauerte Zelle einschließen kann.

Wir sahen bereits, wie beim Moralisieren Fokus und Modus der Diskussion schlagartig von Sachorientierung und Verständigungsversuch auf Personenbezug und Anklage wechseln. Unter Moraleinfluss geht man nicht mehr darauf ein, *was* jemand *wozu* gerade sagt, sondern konzentriert sich darauf, als Zeichen welcher menschlichen Qualitäten oder Charaktereigenschaften des Sprechers man selbst diese Äußerung interpretiert.

Darin liegt eine Aufmerksamkeitsverlagerung weg vom Verstehen der Mitmenschen und der eigenen Situation mitten unter ihnen hin zur eigenen emotionalen Befindlichkeit. Diese aber ergibt sich aus unseren Vorprägungen, die in Teilen im Bereich des Unbewussten liegen, und der gerade aktuellen Situation – beides Faktoren, die Kant als »heteronom« bezeichnet hätte: Wir haben nur sehr beschränkten oder gar keinen Einfluss auf sie.

Das bedeutet einen direkten individuellen Freiheitsverlust. Denn wir agieren jetzt nicht autonom, also im Lichte unserer wohlerwogenen Ansichten, sondern maßgeblich von Emotionen getrieben – von inneren Bewegungen und Bedrängnissen, die nicht wir selbst durch Nachdenken, sondern die unsere Prägungen und die aktuellen Umstände in uns hervorgerufen haben.

Anstatt mit Umwelt und Mitmenschen im Austausch zu sein und sich Gedanken zu machen, die als Brücken zu den Anderen dienen und zu neuen Einsichten führen können, rechnet man nun bloß noch mit den eigenen inneren Beständen – auch wenn man weiter fleißig redet. Aus dieser nicht von anderen gespiegelten und gebrochenen (also *reflektierten*) Innerlichkeit heraus sprechen wir immer, wenn wir spontan moralisieren.

Wählen wir unsere Ausdrücke aber in bewusst manipulativer Absicht, dann kann das zwar immer noch von Emotionen begleitet sein; sie sind dann aber nicht *ursächlich* für unser Moralisieren. In beiden Fällen jedoch lernen wir nichts dazu, wir kommen nicht mehr über uns selbst hinaus. Das macht den Verlust der persönlichen Freiheit durch Moralitis aus. Frei sein bedeutet, unbedrängt aus eigenen Wertvorstellungen und Überlegungen heraus handeln zu können. Diese Definition besagt, dass Freiheit in Abstufungen existiert; absolute Freiheit gibt es für den Menschen nicht, weil er immer unter Bedingungen steht, die er selbst nicht herstellt, sondern vorfindet, und die seinen Möglichkeitsraum abstecken.

Unser Moralisieren im unverstandenen emotionalen Affekt wie auch das instinktive Reagieren auf Moralisierungen anderer durch Gegenanklage, kalkulierten Rückzug oder irgendeine andere Taktik erlauben es uns nicht, nach den eigenen, wohlerwogenen Motiven zu handeln. Und die Überlegungen, die wir im Nebel der Schlacht ums Gutsein und bei Gesinnungsgenossen untergehakt noch zustande bringen, sind meist von minderer Qualität.

Die Gedanken aus dem früheren Kapitel dazu, wie wir unter Stress »dümmer und böser als sonst« agieren, sind hier wieder relevant. Insbesondere schränken die Schäden, die wir durch Moralisierung in unseren persönlichen Beziehungen anrichten, unsere Handlungsmöglichkeiten ein – z. B., weil wir diverse Themen nicht mehr ohne »Explosionsgefahr« ansprechen können. Wir schließen uns in selbstgebauten Mauern ein.

Am Übergang unserer Überlegungen vom individuellen zum kollektiven Freiheitsverlust durch Moralitis können wir uns auch an die Familien Schmidt und Müller und ihre sehr unterschiedlichen Befürchtungsregimente erinnern; diese Konstrukte von Verhaltensregeln für den Ausnahmezustand haben bereits eine überindividuelle Wirkung *innerhalb* jeder Familie. Stellen wir uns die Überlappung der Befürchtungsregimente vieler tausend deutscher Familien vor, wird es sinnfällig, sie als Übergangszone des Krisengeschehens vom Privaten ins Politische zu betrachten.

Im Bewusstsein, dass es diesmal gelte, gewissenhaft das Richtige zu tun, konnten die Schmidts und Müllers gar nicht anders, als in Konflikte mit anderen zu geraten, die genau dasselbe versuchten – aber eben aufgrund je anderer Informationsstände, Mediennutzung und Vorprägung. Die zwischenmenschlichen Empfindlichkeiten und Konflikte, die den Schmidts und Müllers seit einigen Jahren zu schaffen machen, lassen sich gut als Folge von Moralisierung im hier diskutierten Sinne verstehen – auch ohne allen Beteiligten gleich eine schwere Moralitis zu attestieren.

Hier und da bedienten sie sich untereinander sachwidriger Moralisierung wie auch gut begründbarer moralischer Verurteilungen. Und oft standen sie subjektiv unter dem ehrlichen Eindruck, dass es nun um genuin moralische Fragen von Lebensschutz und Solidarität gehe und dass das moralische Register deshalb genau richtig sei, um (je nach Haltung) als unvorsichtig oder überängstlich, als unsolidarisch oder hyper-konformistisch erlebte Zeitgenossen zu konfrontieren.

Es sei nochmals daran erinnert: Ehrlich gemeinte und sogar objektiv berechtigte moralische Zurechtweisung besteht technisch betrachtet in derselben Operation wie sachwidrige Moralisierung. Die gerade analysierten Belastungen, die sich daraus für Kritiker wie Kritisierte ergeben, sind ebenfalls dieselben bei sachgemäßer moralischer Auseinandersetzung wie bei sachwidriger Moralisierung einer Diskussion.

In beiden Fällen wird das soziale Gefüge belastet, in beiden Fällen ist auch derselbe Wille zur Dominanz präsent, *der im Wesen jeder Moralisierung liegt*. Es ist für die Untersuchung unserer defekten bürgerlichen Umgangsformen und die Suche nach Auswegen aus sozialer Entfremdung nicht nötig zu entscheiden, welche Partei in den vielen Kontroversen jeweils moralisch im Recht war. Wir können hier agnostisch agieren.

Doch wir wissen sicher: Hat eine Gesellschaft zahlreiche Moralitis-Erkrankungen zu verkraften, so wird der öffentliche Raum unausweichlich von wechselseitigen emotionalen Verstrickungen und Empfindlichkeiten der Bürger durchwirkt, die Diskussionsthemen sozial regelrecht verminen können.

Tabus und Tabuvermutungen nehmen zu, der Mut zum offenen Streit nimmt ab und das allgemeine Stress-Niveau des Umgangs steigt so weit, dass es der Praxis demokratischer Selbstregierung die Luft irgendwann ganz abschnürt. Diese Kultur nenne ich das *Regime des Moralismus*.

Es ist die Hausordnung des Moralgefängnisses, deren genaue, oft schon intuitive Kenntnis sich in den Antworten spiegelt, die wir Deutsche in Umfragen zum Diskussionsklima der Republik geben. Das Regime des Moralismus ist in Deutschland herrschend, die einschlägigen und seit langem nicht besser, sondern schlechter werdenden Umfrage-Ergebnisse sind Depeschen aus unserem Moralgefängnis.[4]

Jetzt blicken wir auf die wichtigsten demokratiebeendenden Praktiken, die das Regime des Moralismus charakterisieren. Diese Verhaltensweisen sind Abkanzeln, Vorabmarkieren, Umstrittenmachen und der absurde, aber tief eingewöhnte Kult des Kontaktschuldgebarens.

Viele Leser werden die Schilderungen der nächsten Kapitel nicht überraschend und die beschriebenen Verhaltensweisen »ganz normal«, ja vielleicht gar gelegentlich angemessen finden. Zusammen betrachtet sind sie jedoch die sicheren Kennzeichen eines Diskursraums, in dem nicht mehr Sachfragen mit Blick auf die Leitidee des Gemeinwohls verhandelt, sondern ideologische Wahnvorstellungen als Kennzeichen von Fraktionszugehörigkeit blindlings gegen jede Anzweiflung verteidigt werden. Ein solcher Endkampf um Gut und Böse aber ist der Machtkampf von Fundamentalisten, nicht der gesunde Streit um die Sache von Demokraten.

4 Das Regime des Moralismus

Abkanzeln

Das Abkanzeln als erste der symptomatischen Verhaltensweisen im Regime des Moralismus beginnt privat, schlägt aber in den gesellschaftlichen Bereich aus und fällt am Ende auch negativ auf seinen Urheber zurück; das Vorabmarkieren, das wir im nächsten Abschnitt analysieren werden, ist dagegen *immer* und fast notwendig bewusst in die Öffentlichkeit gerichtet und will diese beeinflussen.

Nähern wir uns dem Abkanzeln nicht von den großen »Cancel Culture«-Phänomenen wie abgesagten Konzerten oder Vorträgen prominenter Intellektueller her, die in nahezu allen Medien behandelt werden. Blicken wir lieber auf den banalen Alltag, in dem dieselben Prinzipien im Kleinen, dafür aber millionenfach wirken – was wenigstens genauso kulturprägend ist wie die »Cancel«-Affären einzelner Prominenter. Beim Versuch der medialen Hinrichtung von irgendwem missliebigen Professoren und Autoren sehen wir nur im Großen brutal ausgelebt, was in tausend Situationen des Alltagslebens ganz unscheinbar daherkommt.

Z. B. liest jemand einen Artikel oder hört etwas im Radio, was seinem Wissenstand und seinen Wertvorstellungen widerspricht. Daraufhin nennt er die betreffende Zeitung oder den Sender »einseitig« und »expertenfeindlich«. Das ist als Einstieg zu einer Diskussion nicht geschickt, aber verzeihlich, wenn dann das konkrete Für und Wider des Artikels oder des gehörten Beitrags besprochen wird.

Bleibt es aber einfach bei dieser Etikettierung und die weitere gedankliche Auseinandersetzung unterbleibt, so gebrauchen wir die tadelnden Adjektive »einseitig« und »expertenfeindlich« nur als Ausflucht: Wir geben uns eben nur mit »ausgewogenen« und »expertenbestätigten« Inhalten ab, also müssen wir unbequeme Informationen gar nicht erst zur Kenntnis nehmen.

Das klappt praktisch meist sehr gut, man kommt erst einmal sozial damit davon. Die offenkundigen und sehr schnell peinlichen Rückfragen werden uns schließlich im Moment dieser Flucht vor der Diskussion in den blanken Unfug selten direkt gestellt: Warum genau soll »Ausgewogenheit« einer Darstellung (z. B. zwischen den Thesen, die Welt sei eine Scheibe und die Welt sei eine Kugel oder zwischen den Verlautbarungen zweier Kriegsparteien) ein Kriterium für Wahrheit sein?

Und die *von wem genau* benannten »Experten« sind nochmal die »richtigen«, denen man also zuhören darf? Und wie genau stellt man eigentlich fest, dass die 68 Redakteure der Redaktion XYZ zusammen (oder im Durchschnitt?) diesen beiden je für sich mysteriösen Gütekriterien des Journalismus – »Ausgewogenheit« und »Freundlichkeit« gegenüber (nur manchen, ganz bestimmten …) »Experten« – entsprechen oder nicht?

Ein Zeitungsartikel bzw. eine Radiosendung sind nur zwei Beispiele für leicht erreichbare Objekte moralisierenden Abkanzelns; ganze Fernseh- und Radiosender oder politische Parteien eignen sich dazu genauso gut. Wann immer sich jemand zum Nachdenken über bisher Geglaubtes oder Getanes (und damit zur Selbst-Relativierung) genötigt fühlt, steht dieses Ventil für sich anstauende Peinlichkeit zur Verfügung.

Jedes Mal steigen wir dabei gleichsam auf die Kanzel und predigen unseren persönlichen Glauben in einer Haltung, als wäre er eine allen zugängliche, ja allen Vernünftigen schon bekannte Wissenschaft: »Ich will diesen einseitigen Quatsch von *[Ergänze journalistische Quelle]* überhaupt nicht hören. Es wundert mich, dass du dich mit sowas abgibst. Die Experten sagen durch die Bank weg was ganz anderes.«

Natürlich sind viele andere Formulierungen und Schwerpunktsetzungen bei diesem Abwehrverhalten möglich, aber es läuft immer auf dasselbe hinaus: Wir drücken weg, was nicht in unsere Sicht der Dinge passt, und suchen Begründungen, die inhaltliche Auseinandersetzung meiden zu dürfen.

Diese Verhaltensweise schlägt jeden in die Fesseln peinlicher Verstrickungen, der sie anwendet. Denn die abgekanzelte Zeitung erscheint auch morgen, ein missliebiger Bekannter steht hoffentlich auch morgen früh wieder auf und irgendwann erneut in unserem Wohnzimmer, der Fernseh- oder Radiosender geht auch morgen wieder auf Sendung und die verfemte Partei hat auch morgen noch Wähler, die allem Anschein nach auch Menschen sind und die irgendwie genauso wenig verschwinden wollen wie die Partei selbst.

Das bringt mehrere Komplikationen mit sich: Wir haben unser moralisches Urteil, das ein Charakterbekenntnis beinhaltet und stets das Endspiel um die Beziehung zum Beurteilten einläutet, mit all seiner Animosität und emotionalen Wucht an einen Gegenstand angeheftet, *den wir nicht loswerden* – der uns also immer wieder begegnen und dann bei uns emotionales Elend auslösen kann.

Durch vermeidbare Moralisierung bauen wir uns unnütz Schmerzquellen in die Welt ein, wir stellen uns selbst Fallen auf, in die wir in vorhersehbarer Weise wieder und wieder tappen werden. Und um dies nur ja zu vermeiden, machen wir einen weiten Bogen um unsere persönlichen »Igitt«-Objekte und -Personen, womit wir hassmindernde Erfahrungen so unwahrscheinlich wie möglich für uns machen.

Ein »sauberes« Ergebnis einer moralischen Verurteilung gibt es nur im direkten Umgang mit einem einzelnen Menschen: Einlenken oder Trennung; hier kann der diskursive Gewaltakt Moralisierung »Erfolg« haben. Wenden wir ihn aber auf die großen, schweren, beharrlichen, ja uns überlebenden Dinge der Welt an, so begeben wir uns in eine Hassbindung, dessen Ärger und vielleicht Furcht auslösenden Objekten wir nicht entrinnen können.

Das ist lebensphilosophisch dumm und macht unglücklich – jedenfalls immer mal wieder unglücklich; in jedem Fall in der Bilanz unglücklicher als die momentane Beherrschung meiner Vorurteile und Neigungen zum Zu-Ende-Lesen eines missliebigen Zeitungsartikels. Die peinliche Verstrickung, die aus unsinniger Moralin-Injektion in eine Situation resultiert, die sonst ohne jede Blessur zu überstehen wäre, sind aber auch sozialer Natur; sie schlagen ins Soziale aus.

Habe ich mein Urteil z. B. zur »Einseitigkeit« oder »Expertenfeindlichkeit« einer Zeitung einmal in die Welt gesetzt und es teilt sich anderen mit, so sind auch sie im Umgang mit mir weniger frei: Sie kennen *eine* Empfindlichkeit, die sie vielleicht besser vermeiden anzurühren, unterlassen es deshalb, gewisse Unterhaltungen mit mir anzufangen, besprechen das spannende Interview aus der von mir moralisch abgekanzelten Zeitung lieber nicht mit mir – und sagen mir auch lieber nicht, welche Zeitungen sie bevorzugen.

Denn wer weiß? Jemand, der eine Zeitung wie einen Menschen verworfenen Charakters behandelt, um sich mit ihr nicht weiter befassen zu müssen, der tut das vielleicht auch mit zwei oder drei Medien und könnte auch bei *deren* Erwähnung dann genauso empfindlich reagieren wie beim zuerst betrachteten Blatt …

Außerdem ist auch zu erwarten, dass andere den gleichen Fehler machen wie der Zeitungs-Abkanzler; wahrscheinlich verurteilen sie aber andere Publikationen moralisch. Und so haben wir eine weitere Entzweiungsmöglichkeit in die Welt gesetzt, denn all die anderen, die andere Medien als wir selbst »einseitig« oder »expertenfeindlich« oder wie-auch-immer finden, können sich nun über diese Differenz mit uns entzweien.

Die moralinverwirrte Handlungsweise eines Menschen stellt also nicht nur ihm selbst eine Falle, sie generiert auch Fettnäpfchen und Tretminen für die Mitmenschen. Wollte jemand auf diese Analyse nun antworten »Ach was, ich meine das doch nicht *so*, das ist überinterpretiert!«, so wäre zu erwidern: Es reicht für den Schaden am sozialen Gewebe völlig aus, dass unsere Kommunikationspartner sich plausibel *vorstellen* können, dass der Betreffende es *so* meint. Denn bereits das wird ihre Interaktionen mit uns unsicher machen und mit gewisser Wahrscheinlichkeit ihre vorauseilende Einengung, d. h. ihre Zensur, bewirken.

Moralitis hat diesen tragischen Aspekt: dass sie ihre Kranken zugleich emotional fester an ihre eigenen Vorurteile bindet und die Wahrscheinlichkeit, dass diese durch andere korrigiert werden können, vermindert. Zugleich führen sie den Infizierten, der die vorangehenden Zeilen nun gelesen oder der die Logik der Sache bereits im eigenen Umfeld erlebt hat, in eine sanfte Form der Paranoia: *Ganz zu Recht,* meint der an Moralitis Leidende, dass er das Verhalten seiner Mitmenschen ihm gegenüber nicht mehr einfach für bare Münze nehmen kann. Die durch Abkanzeln erzeugten Zwänge und Absperrungen sind gefühlt, ihre einengende Wirkung jedoch real.

Vorabmarkieren und Umstrittenmachen

Anders als das Abkanzeln ergibt das zweite typische Verhalten illegitimer Moralisierung, das Vorabmarkieren, überhaupt nur dann einen Sinn, wenn es sich an die Öffentlichkeit richtet. Deshalb kann es kaum »aus Versehen« oder bloß impulsiv geschehen. Wo immer wir es antreffen, sollten wir den Moralisierer deshalb aktiv zur Ordnung rufen.

Vorabmarkieren ist die Etikettierung mit Schmäh- oder Verdächtigungsbegriffen, die Einzelpersonen und Gruppen treffen kann. Auch dieses Verhalten führt in eine Form der Paranoia, die aber diesmal öffentlich wirkt und sozial verheerend ist: die »Kontaktschuld«-Fantasie. Nehmen wir die Spur zu dieser magischen Vorstellung bei den gern benutzten Markierungs-Begriffen auf.

Als »XYZ-Verharmloser«, »XYZ-Leugner« »XYZ-Gegner« oder als Vertreter eines »Anti-XYZ-ismus« z. B. werden manche Menschen bezeichnet, noch *bevor* ihre tatsächlichen Aussagen überhaupt zur Sprache kommen. Das kann schriftlich in einer Zeitungsüberschrift oder einem Artikel-Teaser erfolgen, aber auch gesprochen, z. B. in der Anmoderation eines Interviews oder einer Gesprächsrunde. (Auch visuell lässt sich dies bewerkstelligen, etwa wenn ein Foto des Betreffenden mit einem bestimmten Symbol kombiniert wird.)

Typischerweise erfolgt das noch in Paarung mit einem Tätigkeitswort: »XYZ-Leugner blockieren« oder »verweigern« oder »unterschlagen« dies-oder-das. So ist die betreffende Person doppelt markiert; als ein »Leugner«, also als jemand, der offenkundige Tatsachen nicht anerkennt, und der zum Zweiten nun auch noch etwas »blockiert« (*Was doch wohl notwendig ist!*) oder »verweigert« (*Was doch wohl zumutbar ist!*) oder (*Wie hinterlistig!*) »unterschlägt«.

Diese Begriffe tragen negative Assoziationen von Querulantentum, untunlicher Eigenmächtigkeit und Sturheit, und sie tun so denselben Dienst wie die zuvor diskutierten Abwehr-Adjektive gegen eine unliebsame Zeitung oder den unbequemen Bekannten: Sie suggerieren, dass es einem keiner verdenken könne, ja dass man darin gerechtfertigt sei, sich um »so jemanden«, der »solche Sachen« macht, gar nicht zu kümmern.

Wird in solchen Moralisierungs-Fällen doch eine Sachdiskussion begonnen, so ist diese wertend »eingerahmt« (»geframed«): Die Gesprächssituation ist durch Moralin-Injektion von Beginn an so strukturiert, dass der mit suggestiven Adjektiven oder Schmähbegriffen verdächtig gemachte sich erstmal bemühen soll, den atmosphärisch wabernden Vorwurf gegen seine Person auszuräumen – dass er also in die Falle der Moralisierer tappen und sich durch Verteidigung selbst anklagen soll.

Die Logik, die diese Form der Moralin-Injektion den Diskussionen aufnötigt, ist im Alltag schwer zu bemerken und zu durchschauen. Bringen wir sie mit einem Beispiel auf den Punkt: Sie sind Vater und manchmal auf Elternabenden. Nun sitzen Sie also (rein fiktiv natürlich) den Lehrern Ihres Kindes gegenüber und seine Klassenlehrerin leitet das Gespräch mit dieser Frage ein: »Haben Sie eigentlich aufgehört, Ihr Kind zu schlagen?«

Sie müssten nun entweder erklären, dass Sie natürlich Ihr Kind noch nie geschlagen haben, oder könnten so tun, als hätten Sie einen schlechten Witz gehört, oder aber Sie könnten Ihrer Empörung mit einer Entgegnung á la »Sie haben wohl nicht alle Latten am Zaun!« Luft machen. Alles unannehmliche und leicht fehlinterpretierbare Reaktionen, von denen *eine* Ihnen aber definitiv durch Moralisierung aufgenötigt wird.

Das ist faktisch eine Freiheitseinschränkung, es ist Teil der kulturellen Einrichtung unseres selbstgebauten Moralgefängnisses. Anfeindungen dieser Art können unkalkulierbare soziale Folgen haben, wenn sie einfach im Raum stehengelassen werden. Nichtstun, Nichtreagieren ist ein Wagnis mit unklarem Ausgang, zu dem die meisten Menschen auch charakterlich nur schwer in der Lage sind. Wer will sich einfach so beleidigen lassen?

Die Moralisierungs-Praktiken des Abkanzelns und des Vorabmarkierens kennt jeder, und sehr wahrscheinlich hat jeder sie auch schon einmal angewandt. Beide Taktiken teilen die ungute Eigenschaft, einen entscheidenden Grundsatz der Aufklärung zu verraten: das Prinzip der Trennung von Sprecher und Argument.

Der Sprecher wird im Falle der Vorabmarkierung als »XYZ-Verharmloser« oder »XYZ-Gegner« im Vorfeld jeglicher Äußerung, wie der Volksmund es nennt, »in eine Schublade gesteckt«. Etikette wie »wissenschaftsfeindlich«, »einseitig« oder »staatsfeindlich« für Kollektive von Menschen wie eine Zeitungs- oder Senderredaktion leisten beim Abkanzeln dasselbe.

Ziel ist, dem Hörer der Argumente des Vorabmarkierten die Unbefangenheit zu nehmen und so das Prinzip, dass Argumente ohne Ansehen der Person des Sprechers zu würdigen sind, auszuhebeln. Fluchen wir wegen eines uns ärgerlichen Textes, der vielleicht unsere bisherige Unwissenheit in einer wichtigen Frage allzu unsanft aufzeigt, auf eine ganze Zeitung, so wenden wir das demokratisch betrachtet perverse (d. h. *sachwidrig umgekehrte*) Prinzip »Der Sprecher ist entscheidend für das Argument« eben nicht auf einen missliebigen Professor oder Politiker, sondern auf eine ganze Redaktion an.

Die weitere hier zu betrachtende Praxis, das Umstrittenmachen, lässt besonders tief in die demokratieferne Mentalität blicken, die unsere Kultur kennzeichnet. Autoren, die sich weit abseits des Meinungs-Mainstreams aufhalten oder sich gar prinzipiell *gegen* die Hauptinteressen der veröffentlichten Meinung wenden und sie als wenig relevant, irregeleitet oder verblendet beschreiben, sind laut den Leitmedien entweder als Person »umstritten« oder ihre Thesen sind »umstritten« – oder beides zugleich.[1]

Diese Bezeichnung ist in sich keine sachwidrige Moralisierung, es handelt sich nicht um eine Moralin-Injektion in die Kommunikation wie bei anderen zuvor diskutierten Beispielen. Jemand und etwas kann umstritten sein, ganz unabhängig von seinen anderen, z. B. moralischen

Eigenschaften. Die Idee eines Mathematikers zur Lösung eines kniffligen Problems kann unabhängig von seinem Charakter umstritten sein.

Wir müssen hier um die Ecke denken. Eine Öffentlichkeit, in der man einen Autor effektiv dadurch an den Rand drängen kann, dass man ihn als »umstritten« bezeichnet, kann *nicht* die Öffentlichkeit einer demokratischen Gesellschaft sein – ganz egal, welche politischen Institutionen im betreffenden Staat gerade existieren.

Denn in einer demokratischen Gesellschaft ist Streit, wenn auch vielleicht kein reiner Grund zur Freude, so doch das unverkennbare Zeichen, dass im Prinzip alles in Ordnung ist: Demokratie ist friedliche Streitverwaltung. Demokrat ist, wer friedlich streitet, und ein um die Demokratie verdienter Demokrat ist, wer darüber hinaus andere friedlich zu friedlichem Streit anstiftet.

Wird der Ausdruck »umstritten« also in der Absicht angewandt, das Ansehen eines Autoren zu schmälern, so lernen wir daraus, dass der Manipulator wie selbstverständlich davon ausgeht, in einer Gesellschaft zu leben, in der Streit *nicht geschätzt* wird – und in der die Anstifter zu Streit (Intellektuelle also, die nicht nur das sagen, was eh schon alle sagen) *geringgeschätzt* oder als irgendwie »verdächtig« scheel angesehen werden. Kurz: Der »Umstrittenmacher« geht davon aus, *nicht unter Demokraten* zu sein.

Wo man tatsächlich erfolgreich jemanden diskreditieren kann, indem man seinen Gedanken Streitigkeit – d. h. das Potential zur Anregung von kontroversen Diskussionen – attestiert, da scheint der breiten Mehrheit eine plurale Meinungsöffentlichkeit herzlich egal zu sein.

Den anderen kontaktverschulden

Beim Abkanzeln, Vorabmarkieren und Umstrittenmachen haben wir es immer mit dem sachwidrigen Doppel-Wechsel des Fokus von der Sache auf den Sprecher und des Modus von Anfrage auf Anklage zu tun, den wir als das grundlegende Geschehen bei der Moralin-Infektion eines Austausches beschrieben haben (vgl. oben, S. 64 f.).

Damit ist jetzt auch klar, was es mit »Kontaktschuld« auf sich hat – also mit der Vorstellung, jemand beschmutze oder delegitimiere das, was er selbst zu sagen hat, wenn er es in Gesellschaft eines für unliebsam oder irgendwie politisch als »Igitt« markierten Menschen sagt, oder wenn er es von so einer Person übernimmt, oder wenn er auf einer medialen Plattform spricht, die auch von der als unliebsam markierten Person genutzt wird.

Die Mechanik der Kontaktschuld ist genau diese: Jemand moralisiert ein Thema, beschimpft irgendjemanden oder seine Äußerungen mit den Schmähbegriffen seiner Wahl; sodann macht er so weiter, als sei schon durch seine Aussprache dieser Beleidigung bewiesen, dass der Geschmähte ganz zu Recht geschmäht worden ist, weil man ihn schließlich schmähen wollte und als *Guter* – also als jemand, der *so etwas* selbst nicht sagen oder *so selbst nie sein* würde – das moralgegebene Recht besitzt, zu schmähen, wie der Herr es einem eben eingibt.

Aus seiner vollkommenen Kenntnis des Guten leitet der Beleidiger dann ab, dass alle, die sich mit dem Geschmähten irgendwie abgeben oder die geschmähten Äußerungen teilen oder wiederholen, sich durch Kontakt zum Sünder selbst beschmutzen, als *kontaktschuldig* anzusehen sind – vor dem moralischen Weltgericht in Gestalt des Herrn oder der Frau so-und-so jedenfalls.

Nein, ich werde nicht ernsthaft gegen diese vorpubertäre Assoziationslogik argumentieren, und ich werde auch keine Beispiele dafür diskutieren. Man versorge sich notfalls aus den Boulevardmedien mit den neuesten »Fällen«. Nur eines bleibt anzumerken: Das ist Schulhof-Mobbing der einfachsten Sorte, es ist schlicht verbale Gewaltanwendung.

Denn niemand wird öffentlich und mit Reichweite ein Kontaktschuld-Argument anwenden, der nicht von sich selbst annehmen kann, dass seine Äußerung als zumindest *mit* maßgeblich, als wenigstens *teilweise* rahmensetzend für andere betrachtet werden wird. »Ich habe Sie neulich neben dem Bundeskanzler gesehen. Wer mit solchen Leuten umgeht, mit dem will ich nichts zu tun haben!« Das ist ein undenkbares Kontaktschuld-Argument, außer vielleicht in einem sehr kleinen Milieu radikaler Regierungskritiker.

Sagt hingegen der Bundeskanzler, man könne sich doch nicht »mit Rechten« oder »mit Linken« oder »mit Verfassungsfeinden« zusammen auf einer Demonstration sehen lassen und sich so »mit ihnen gemein machen«, so *funktioniert* das als simple Drohung: »Du wirst als Rechter betrachtet, wenn du neben einem Rechten gesehen wirst. Und wer ein Rechter ist, sage ich.«[2]

Aber hier, wie überhaupt bei der Betrachtung der aktuellen deutschen Kultur, dürfen wir uns selbst nicht aus dem Auge verlieren. Es ist in einer moralinverseuchten Gesellschaft an sich nur logisch, mit Kontaktschuld-Vorwürfen zu arbeiten, und so werden viele es auch unbewusst selbst tun.

In moralisierten, vielleicht noch durch Demagogie reichweitenstarker Personen angeheizten und verhetzten Debatten weiß man von den anderen (und vielleicht auch von sich selbst), dass man sich sehr schnell und schon intuitiv *unargumentativ* verhält. Ein Element der Moraldefensive ist, sich um die eigene Integration in eine Meinungsfraktion zu sorgen, die einen sozial absichert, ganz gleich, ob man sich gerade begründbar moralisch empört oder Moralisierung betreibt (siehe oben, S. 68 f.). Man verhält sich einfach loyal.

Und genau auf diese Verhaltenstendenz baut das Kontaktschuldgebaren schulhofpöbelnd-gewalttätiger Diskursordner. Der Moralitis-Leidende projiziert seine eigene ideologische Gewalttätigkeit auf die Gesamtgesellschaft und tut so, als wäre solches Dominanzstreben von Fundamentalisten in Wahrheit ihr ethisches Fundament: die »Verteidigung der Demokratie gegen ihre Feinde«, gegen »Extremisten«, gegen wen oder was auch immer.

Ist es auch intellektuell indiskutabel, so haben wir doch die symptomatische Bedeutung des Kontaktschuldgebarens zu erkennen. Erst mit ihm kommt das Regime des Moralismus zu seiner schlimmsten Angstblüte, wird das kulturelle Moralgefängnis vollendet: Seine Insassen fürchten sich nicht nur davor, eine Sprache voll vormarkierter, umstrittener Wörter und Gedanken vielleicht »falsch« zu verwenden, und davor, aus den »falschen« Quellen etwas zu zitieren.

Nein, damit nicht genug: Sie fürchten sich auch davor, von diskursmächtigen Personen mit den »falschen« Leuten in Verbindung gebracht und so selbst ein »falscher« Bürger zu werden – ein Ausgestoßener. Im Regime des Moralismus fürchtet man sich vor vielgestaltigen Schatten; nach Kant ein klares Zeichen, dass es an Aufklärung fehlt.[3]

Wo die Bürger sich gegenseitig abkanzeln, vorabmarkieren, umstrittenmachen, ja sich vielleicht sogar mit Kontaktschuld-Fantasien behelligen, um einander den sorglosen Umgang zu verleiden, und wo gar die offizielle Politik von alldem geprägt ist, *muss* sich die Diskussion immer mehr von der Realität entfernen.

Schließlich erzeugen diese für das Regime des Moralismus charakteristischen Verhaltensweisen Paranoia sowie tribalistisches Zusammenrücken mit (vermutlich) Gleichgesinnten zur Beruhigung dieser Paranoia. Zugehörigkeits- und Abgrenzungsrituale verbrauchen den Sauerstoff und die gedankliche Energie, die in inhaltliche Diskussionen gesteckt werden müssten.

Und weil niemand jemals von sich und seinesgleichen zugeben wird, man diskutiere gar nicht sachbezogen, müssen die moralinverwirrten Verbalscharmützel mit ernster Miene als Diskussionen erwachsener, verantwortungsbewusster Staatsbürger behandelt werden. So gelangt man dann in einen gesellschaftlichen Zustand, in dem die Beleidigung schon einer durchschnittlichen erwachsenen Intelligenz durch die konkreten Inhalte der großen öffentlichen Debatten offenbar gar nicht bemerkt wird.

Da geht es dann z. B. als »Analyse« eines Kriegsgeschehens durch, den Staatschef der einen Atommacht mit Massenmordgeschichte als Diktator und zynischen Schlächter zu dämonisieren und den Staatschef der anderen Atommacht mit anderer Massenmordgeschichte derweil als menschenrechtlichen Ersthelfer der Weltgemeinschaft und »Großen Bruder« der freien Völker zu verherrlichen – *als erkläre die eigene Moralisierung das Weltgeschehen.*[4]

Oder man freut sich undifferenziert über den immer weiteren Ausbau der Kapazitäten erneuerbarer Energien, möchte am liebsten an jeden Balkon eine Solarzelle heften – ohne auch nur zu erwähnen, dass so ein Überangebot an Strom bei sonnigem und windigem Wetter entsteht und an verhangenen, windstillen Tagen eine Unterversorgung. Das erfordert ein komplexes Management des An- und

Abschaltens von Kapazitäten, des billigen Abverkaufens temporär überschüssigen Stroms und des Zukaufens fehlenden Stroms zu hohen Preisen. Haben Sie das einmal von einem regierenden Politiker diskutiert gehört?[5]

Wo Sachkenntnis und gelassen vorgetragene Argumente durch Treueide und emotionalisierte Floskeln ersetzt *und diese dann sogar wie Argumente behandelt werden*, da findet eine Negativauswahl von Diskutanten aus der Bevölkerung statt: Nicht kundige Könner, die das Floskelbingo der Moralisierer nicht ertragen können oder möchten, sondern mitschwimmende Mittelmäßige, die wenig anderes als dieses Floskelbingo beherrschen, setzen sich nun bis in die höchsten Staatsämter durch. Dort senken sie das Diskussionsniveau des ganzen Landes.

Das Regime des Moralismus führt in eine Wahnwelt bloß eingebildeter Verhältnisse, die auf der politischen Bühne von bemerkenswert kompetenzarmem Personal und auf geistig allerdürftigste Weise, dafür aber mit hochgradiger Selbstgewissheit, diskutiert werden.

Das Moralgefängnis: Wahnwelt von Fundamentalisten

Die Wir-und-Die-Unterscheidung, die *Parteienbildung*, die mit Moralisierung und Demagogie einhergeht, sowie die natürliche Neigung, sich mit Gleichgesinnten zu integrieren, um seine Exponiertheit als Moralapostel zu vermindern, haben wir beschrieben; ebenso blickten wir auf die an sich tragische Tendenz des Moralisierens, den Einzelnen in seinem einmal aufgebauten Glaubenssystem fester einzuschließen und seinen sozialen Umgang heikel und weniger ergiebig zu machen. Im Kontaktschuld-Gebaren findet diese Logik des Wahrheitswettstreits moralisch verfeindeter Lager dann ihr unverkennbares öffentliches Symptom.

Diese miteinander verflochtenen Sachverhalte sind Entwicklungen im Wortsinn: *Ent-Wickelungen*; es wird das ausgewickelt, abgerollt, in voller Länge durchlitten, was im ursprünglichen Akt moralischer Verurteilung oder künstlicher Moralisierung (anders gesagt: der Moralaggression) schon angelegt ist.

Ursächlich für die destruktive Dynamik, die wir in öffentlichen Diskussionen beobachten, ist der *Austritt* aus dem Austausch unter Gleichen über gemeinsam zu lösende Probleme und der *Eintritt* in den Endkampf um das Gute, der immer auch die Suche nach Gesinnungsgenossen beinhaltet. Alles andere folgt aus dieser Operation der Moralisierung, individuell wie kollektiv. Am Ende dieser Entwicklung, die wir als Moralitis-Epidemie verstehen können, befinden wir uns im Moralgefängnis – in einer durch privates Moralisieren und öffentliche Demagogie geschaffenen Wahnwelt.

Individuell bemerken wir das an einem hemmenden Unbehagen, das sich zeigt, wann immer wir eingeladen sind, irgendwie Überpersönliches mit anderen öffentlich zu berühren, und *kollektiv* sehen wir es daran, dass der Begriff des Gemeinwohls aus der öffentlichen Debatte verschwunden ist: Fast niemand bezieht sich bei seinen Ausführungen mehr darauf.

Es wird nicht gesagt, dass es dem Gemeinwohl der Bundesbürger entspräche, etwa alle Atomkraftwerke abzuschalten oder unter gewaltigem Investitionsaufwand, dessen Mittel an anderer Stelle fehlen, die Bundeswehr wieder zu einer voll kriegstüchtigen Armee aufzurüsten: Vielmehr ist das eine Sache der »Verantwortung für kommende Generationen«, weil »das Risiko der Atomkraft einfach unverantwortlich ist«, oder es ist »Übernahme von Verantwortung für die regelbasierte Weltordnung«, die gleichbedeutend ist mit »Demokratie und Menschenrechten«, oder was der mittlerweile altbekannten Floskeln mehr sind.

Für den Mechanismus der Moralisierung und Demagogie haben wir unseren Blick bereits geschärft, und nun kann jeder in diesen Beispielformulierungen nach dem doppelten Wechsel von Fokus und Modus der Diskussion suchen, den wir ausführlich untersucht haben. Wenn die Analysen dieses Essays stimmen, ist es jedenfalls nur folgerichtig, dass der Kernbegriff republikanischer und demokratischer Politik, das *Gemeinwohl*, in unseren politischen Diskussionen keine zentrale Rolle mehr spielt.[6]

Wo die Kultur moralindurchseucht ist, da geht es bei politischen Diskussionen nicht mehr ums Gemeinwohl. Vielmehr bekämpfen sich Fraktionen, die ihren festen Standpunkt durch ihre moralischen Urteile markieren. Dabei werden Sachthemen zu moralischen Gewissensfragen umgewandelt, und damit gehen nahtlos negative Urteile über die charakterliche Beschaffenheit Andersmeinender einher. Fraktionsintern bestätigt man sich umso stärker gegenseitig, je heftiger der Gegendruck von außen wird.

Anstatt des Bürgers, der die Angelegenheiten seines Staates mit anderen Bürgern gleichberechtigt berät und nach dem Demokratieprinzip interessenausgleichend regelt, haben wir es nun mit einem neuen, aber doch altbekannten sozialen Typus zu tun: Moralitis macht aus normalen Leuten *Fundamentalisten.*

Dabei müssen wir uns den Fundamentalismus eines Menschen nicht als den Dauerzustand seiner Seele vorstellen. Vielmehr kann jemand ein biederer Bürger in puncto Rechtstreue und Steuerzahlen sein, zugleich aber »beim Thema X« als Fundamentalist agieren, wenn seine Beschäftigung mit dieser Sache in der Vergangenheit durch Moralisierung verdorben wurde – oder wenn er, was dasselbe ist, bei diesem Thema unbemerkt Demagogie zum Opfer gefallen ist.

Was manchmal irrig als der feste Zustand »gesellschaftlicher Spaltung« betrachtet wird, ist Ausdruck des Sozialverhaltens von Menschen, die eine schwere Moralitis erlitten haben und zu Fundamentalisten geworden sind. Und daher sehen sie nun in ihren eigenen moralischen Vorstellungen den Inbegriff des Gemeinwohls, an dem zu zweifeln nicht Irrtum, sondern Sünde wäre. Somit ist der Begriff des Gemeinwohls obsolet, denn für Fundamentalisten besteht dieses ganz einfach in den Anschauungen ihres Moralkonvents.

Agieren wir als Fundamentalisten (und das beherrschen wir alle zumindest *themenbezogen*), so leben wir für die Dauer dieses Engagements in einer Wahnwelt. Dieses Weggetreten-Sein ist nicht im Sinne eines klinischen Wahnsinns zu verstehen. Es handelt sich um die zeitweise Verstrickung in ein Geflecht unrealistischer Vorstellungen von der Wirklichkeit und angstverzerrter Vermutungen über die Mitmenschen und ihre Motive, die aus der misslichen Dynamik von uns (oder durch andere *für* uns) moralisierter Situationen und Themen entstehen. Wir sitzen im Moralgefängnis, an dem wir selbst mitgebaut haben.

Und die chaotische Kollision, Überlappung und Vormachtkonkurrenz der Fundamentalismen von uns Teilzeit-Fundamentalisten *ist* dann unser öffentlicher Diskurs. Haben wir uns alle, wie zuvor beschrieben, fleißig entlang der von uns moralisierten Themen in Gesinnungsfraktionen integriert, so stellt sich der öffentliche Raum einer moralindurchseuchten Gesellschaft als ein unübersichtliches Schlachtfeld mit unnennbar vielen Feldzeichen dar, deren einem (oder mehreren) jeder Mitbürger wohl loyal ist. Die Neigung mancher Politiker und Journalisten, ihre Gleichgesinnten nach der Art von Sportmannschaften als »Team Vorsicht« oder »Team Freiheit« zu bezeichnen, spricht Bände.

Jeder, der »keinen Ärger haben« oder »nicht anecken« oder »nicht provozieren« will, muss jetzt ständig nach diesen Feldzeichen Ausschau halten – und sich fragen, »was er wo und mit wem sagen darf«, und was bei denselben Leuten »gar nicht geht«, kurz: welcher der vielen Standarten sie wohl den Treueid ihrer moralischen oder moralisierenden Festlegung geschworen haben.

Im Wechsel der Situationen unseres Soziallebens sind die »Zuordnungs-« oder »Einordnungsbedarfe« in die eine oder andere Moralfraktion deshalb unübersichtlich dynamisch. Alle agieren etwas verrückt, alle *machen sich etwas verrückt* unter diesen Umständen, es herrscht milde Paranoia. Denn eines ist klar: Da, wo ich ein Fundamentalist bin, muss es mein Nachbar nicht unbedingt sein, mein Bekannter am Kneipenstammtisch und mein Mitstudent auch nicht – aber es ist doch immerhin möglich.

Und diese Möglichkeit nicht einzukalkulieren und vorsichtig zu sondieren, kann sozial sehr teuer werden. Tritt man einem Fundamentalisten auf die Füße, so kann er mich abkanzeln (»canceln«), unvorteilhaft markieren oder im gerade diskutierten Akt assoziativen Irrsinns der Kontaktschuld bezichtigen.

Es handelt sich bei der Moralitis-Epidemie also um eine sich in chaotischer Weise äußernde Verseuchung des Gemeinschaftslebens mit Unsicherheit, Misstrauen und vor allem mit Angst: Begegnungsangst, Interaktionsangst, Äußerungsangst, Assoziationsangst, Verurteilungsangst und Bestrafungsangst. Das Meinungsforschungsinstitut INSA hat im April 2023 gemeldet, dass 81 % der Deutschen meinen, manche würden ihre Meinung aus Angst vor negativen Folgen nicht frei äußern.[7]

Eine moralindurchseuchte Gesellschaft lebt in ihrem eigenen kulturellen Gefängnis, in dem ein Regime des Moralismus durch Angstschwängerung des sozialen Lebens »reguliert«, was noch wie ausgedrückt werden kann und was ganz verschwiegen werden muss, will man keinen Ärger der einen oder anderen Art bekommen.

Wir dürfen uns dieses Moralgefängnis nicht zu harmlos, nicht als bloße Metapher für unappetitlich gewordene Umgangsformen denken. Vielmehr wissen alle, die in pädagogischen oder psychologischen Berufen arbeiten, dass die ständige Sorge um mögliche negative Folgen eigener Äußerungen auf den Sozialstatus krankmachende Wirkung haben, besonders für wenig selbstsichere und ökonomisch schlecht abgesicherte Menschen. Angststörungen und Depressionen sind nicht nur durch Kriegs- oder Virusangst und Lockdowns auf Höchststände gestiegen, das feindselig polarisierte Sozialklima spielt dabei eine Hauptrolle.[8]

Je nachdem, wie weitgehend einem die hier beschriebenen Mechanismen zu Zeiten der Corona-Politik-Krise bekannt waren, kann man nun im Rückblick einmal für sich selbst und sein Umfeld untersuchen, wie weitgehend das eigene Befürchtungsregiment fundamentalistisch beseelt war und den hier geschilderten Mustern einer Wahnwelt von Fundamentalisten gehorchte.

Vielleicht spielen diese Muster auch jetzt eine Rolle, wo es zeitweilig verstärkt um Krieg und Klima zu gehen scheint. Genau diese immer weiter auswuchernde, leidvolle Unkultur – das Regime des Moralismus – sehen wir in den schon zitierten demoskopischen Befunden zum politischen Klima in Deutschland (siehe oben, S. 19f.).

Allerdings gibt es guten Grund zu der Annahme, dass die hier analysierte, wahnhaft verzerrte Wahrnehmung und Praxis der Auseinandersetzung sich auch wieder zurückdrängen lässt. Jede Gesellschaft hat eine unradikale Mitte, bestehend aus mehr oder weniger arglosen

Konformisten, die mit ihrem Leben vollauf beschäftigt sind und tendenziell das Angesagte mitmachen, um ihre Ruhe zu haben. Diese Menschen neigen der moralisierenden Verfechtung starker Positionen von sich aus gar nicht zu.

Einen Hinweis auf die Größenordnungen der Fraktionsbildung bei strittigen Themen gibt eine Studie der Konrad Adenauer Stiftung. Ihr zufolge meinen rund 40 % der Deutschen, die Menschen stünden sich »unversöhnlich« gegenüber, während rund 55 % das nur »teils-teils« oder gar nicht so sehen. Das änderte sich auch in der Zeit der Corona-Politik nur unwesentlich. Ebenso ist es immer nur eine Minderheit, die die Polarisierung bei unterschiedlichen gesellschaftlich wichtigen Fragen als »sehr stark« einschätzt; der höchste hier gemessene Wert ist 29 % und betrifft die Oberbegriffs-Alternative von politisch »links« und »rechts«.[9]

Gehen wir realistisch davon aus, dass je ungefähr 15–20 % der Bevölkerung bei einer bedeutenden Streitfrage wie Corona-Politik oder Kriegsbeteiligung die entschieden zustimmende und die entschieden ablehnende Haltung vertreten. Damit wären 60–70 % der Bevölkerung nicht Teil eines dieser entschiedenen Lager. Polarisierung zu betonen ist allerdings für die Medien attraktiv: Berichtet wird die Ausnahme, die Regelabweichung. Und es werden gern Gegensätze konstruiert, die einfache Erzählungen über komplexe Sachverhalte ermöglichen und die journalistische Arbeit erleichtern.[10]

Es scheint also, dass unser Moralgefängnis mit seiner Diskursordnung, dem Regime des Moralismus, themenweise von einer lauten Minderheit der Bevölkerung und den regierungsnahen Medien erzeugt wird. Ein gutes Beispiel dafür ist die Verwendung frei erfundener Schreib- und Sprechweisen bestimmter Ausdrücke, um so »Geschlechtergerechtigkeit« herzustellen. Das unterstützt nur eine Minderheit der Deutschen und knapp mehrheitlich nur das Klientel der Grünen, während mehr als 70 % es ablehnen und sich nicht näher für das Thema interessieren. Dennoch gibt es seit Jahren eine medial präsente, polarisierte Debatte dazu.[11]

Bei gelingender Aufklärung über seine schädlichen Mechanismen müsste das Regime des Moralismus also auch durch eine Koalition der gemäßigten Mehrheit mit »Aussteigern« aus den Extremfraktionen themenweise zurückzudrängen sein.

Selbst wenn eine sachgemäße Aufarbeitung der vergangenen Großkrisen wie Finanzcrash, Migrationsdebatte oder Corona-Politik nicht gelingen sollte, lohnt es sich, neue Debatten wieder dezidiert politisch und unter Verzicht auf Moralisierung und Demagogie zu führen. Das Klima diskursiver Paranoia, in dem wir jetzt leben, verändert sich mit jedem sachlichen, respektvollen und unaufgeregten Austausch Andersmeinender schon etwas zum Besseren.

Um diesen Heilungsprozess zu beschleunigen, müssen die reichweitenstarken Medien mithelfen, indem sie polarisierende Berichterstattung und Kommentierung zugunsten breiter, vielstimmiger Sachdiskussion zurückfahren. Austausch muss endlich wieder als demokratischer Wert an sich betrachtet werden; das Überzeugenwollen um jeden Preis, das Ausagieren einer intoleranten Rechthaberei müssen zurückgedrängt werden. Das geht nur gesprächsweise, auf allen Ebenen, in allen Situationen, Schritt für Schritt. Ebenso, wie auch die Errichtung unseres Moralgefängnisses vonstattenging.

Bekenntniszwang und pädagogische Sendung

Die Sehnsucht des Fundamentalisten – ob Vollzeit oder Teilzeit im Fundamentalismus beschäftigt – ist die Monokultur der Wahrheit und die Ausmerzung der Abweichung. Der Moralitis-Leidende imaginiert die Öffentlichkeit als Appellplatz des Guten Menschen, der dort das anhört und sich vor dem verneigt, was *einfach richtig*, was *gerecht*, was *Wissenschaft*, was *Wahrheit* und somit *eindeutig* ist; was den sumpfigen Grund halbwissenschwangerer Diskussionen unter tausend gleichberechtigten, gleichgroßen Egos trockenlegt und das Ungemach der tatsächlichen Verschiedenheit von Menschen und ihren Meinungen aufhebt in Ruhe, Zufriedenheit und Sicherheit – kurz gesagt: in die eigene soziale Dominanz.

Wer dies bestreitet, der möge sich einmal umschauen. Alle Bühnen sind in einer moralindurchseuchten, von Demagogie durchdrungenen Gesellschaft Bühnen des Bekenntnisses zum Guten und der Verdammung des Bösen. Alle Redner auf öffentlichen Bühnen *müssen* Bekenner des Guten sein; es herrscht Bekenntniszwang.

Wer das feststehende Gute nicht zumindest anspricht und seine Finger an den Hut legt, um zu zeigen, dass er es kennt, der ist schon nicht mehr Teil der *offiziellen*, regierungsamtlichen Glaubensgemeinschaft, die sich fälschlich »Gesellschaft« nennt, da ihr immer nur die offiziellen Kreise notgedrungen und nur manche, die Karrieristen etwa, noch freiwillig angehören. Alle anderen organisieren sich in anderen Fraktionen und schalten das Fernsehen aus.

Menschen werden in Deutschland aus künstlerischen Berufen entlassen, weil sie den aktuell Bösen (oder *das* aktuell Böse) nicht explizit verdammen oder sich nicht »ausreichend« von ihm distanzieren, oder weil sie sich nicht bedingungslos und fraglos hinter dem gerade Guten versammeln. Schriftsteller, die große Hallen ausverkaufen, dürfen in Deutschland mancherorts nicht mehr sprechen, weil sie dem offiziellen Guten nicht huldigen, sondern etwas anderes sagen.

Professoren und andere Intellektuelle, die anlässlich eines beliebigen Themas z. B. sagen, dass die Regierung und ihre »Experten« Lügen oder frisierte Teilwahrheiten verbreiten, dass Oppositionelle politisch verfolgt und der öffentliche Diskurs in »Public-Private-Partnership« von Regierungen und Tech-Konzernen zensiert wird, dass die Interessen einer befreundeten Großmacht nicht die deutschen Interessen sind usw., sehen sich einem Hagelsturm tendenziös moralisierender Presseberichterstattung ausgesetzt, werden nicht selten in ihren Berufen eingeschüchtert und zurückgesetzt, womöglich gar entlassen.

Veranstalter von Diskussionsrunden oder Vortragsabenden, die »solchen Leuten eine Bühne bieten«, werden das Ziel von »Shitstorms« in den Sozialen Medien und erhalten manipulativ formulierte »Presseanfragen« ideologisch festgelegter Medien, die oft ernstgenommen werden und einschüchternd wirken. Für die Sünde wider das offiziell verkündete Gute der Stunde werden unliebsame Personen nach Möglichkeit um ihre öffentliche Stimme gebracht.[12]

Dieser faktische Bekenntniszwang und die auf seine Missachtung folgenden, in den bedeutenderen Fällen exzellent orchestrierten diskursiven Gewalttätigkeiten kommen nicht von ungefähr. Moralisierung politischer Fragen verrät eine diktatorische Auffassung von Politik, in der nur das Gute, Schöne und Rechte, wie ich-und-meinesgleichen es erkannt haben, siegen, oder aber die Welt untergehen darf. Hier zeigt sich der essenziell gewaltsame Aspekt von moralischer Empörung und Moralisierung, den wir schon genau betrachtet haben.

Der in seine »Rechtschaffenheit« Verliebte will seine moralische Gesinnung zum allgemeinen Maßstab unter gleichberechtigten Bürgern machen, die je nach Herkommen und Vorlieben sehr unterschiedlicher moralischer Gesinnung sind. Er will damit die vielstimmige Debatte durch seine Willkür ersetzen und erweist sich so als Abbrucharbeiter der Demokratie.

Die demokratische Politik, die Interessenausgleich unter Gleichberechtigten nach transparenten Regeln bedeutet, verleugnet er und erklärt die Öffentlichkeit zu dem Ort, an dem nicht mit offenem Visier und offener Aussprache gestritten, sondern *die Wahrheit* gesagt, gehört und dann verwirklicht werden muss.

Gewohnheitsmäßiges Moralisieren vieler Bürger, das womöglich noch von Demagogie offizieller Stellen zu den Großthemen der Aktualität angeheizt wird, ist *fatal* (schicksalsstiftend): Es führt Fundamentalisten über kurz oder lang in die Wahnvorstellung, dass »die Demokratie« nur auf dem Wege einer allgemeinen Berichtigung des Denkens, Fühlens und Sprechens der Bürger und durch ihre flankierende Ausbildung zu Gesinnungspolizisten »zu retten« sei.

Gibt es die eine Wahrheit, das unzweifelhaft Gute und Rechte für alle, und kennt man es, nun – dann hat man einen natürlichen Erziehungsauftrag, eine pädagogische Sendung, auch Erwachsenen gegenüber. Und weil niemand es wagt, »die Demokratie« *nicht* zum allerobersten Guten zu erklären, ist es für die Erziehungskampagnen der Fundamentalisten propagandistisch nur logisch, ihre Aktivitäten auf allen Feldern des gesellschaftlichen Lebens unter dem Obertitel »Verteidigung der Demokratie« bzw. als »Kampf« gegen den dramatisierten Gegenpart, den »Extremismus«, zu bündeln.

Die bevorzugte Formulierung ist »Kampf gegen Rechts«, denn damit werden aus Sicht einer sich als links, d. h. als progressiv und human, verstehenden politischen Klasse nicht nur ihre Positionen gestärkt, sondern auch noch die Parteien am anderen Ende des von ihnen imaginierten Links-Rechts-Spektrums diskreditiert. Wer wollte dem »Kampf gegen Rechts« widersprechen? Wohl niemand.

Wer könnte es sich überhaupt gesellschaftlich erlauben, hier zu widersprechen, und sei es noch so differenziert, wenn als Reaktion eines moralitismaladen Journalisten die Schlagzeile droht: »Andrick gegen Extremismusbekämpfung«? Nun, ich gebe jedenfalls zu Protokoll, das ich gegen einen demagogisch zur Einschüchterung des freien Wortes ausgeschlachteten »Kampf gegen Rechts« bin, wie eine allzu große Koalition in Deutschland ihn wohlfeil propagiert.

In einem Rechtsstaat kann es einen legitimen »Kampf« gegen eine Gesinnung nur als bürgerschaftliches Engagement und als Teil demokratischer Erziehung im Bildungswesen geben, nicht aber als Ziel der Strafgesetze. Der Rechtsstaat kann und muss die Bildung einer kriminellen Vereinigung oder das Herstellen von Bomben als Straftat verfolgen. Er kann und darf jedoch nicht (wie es im SED-Staat bis 1989 geschah) die Bürger umfänglich beschatten und belauschen, um zu entscheiden, ob die bierselige Schelte linksliberaler Politiker am Stammtisch die »Gesinnung« prinzipieller Staatsfeindschaft oder nationalistische Ansichten freilegt.

Die Bürger haben ein Recht, zu fluchen, und sie haben auch ein Recht auf Ansichten, die andere als radikal oder extrem beurteilen mögen. Der Ruf nach der Auflösung der kapitalistischen Ordnung und der Nationalstaaten gleich mit ist politisch ebenso legitim wie der Ruf nach der Einführung eines demokratischen Sozialismus bei strikter Schließung der Grenzen und Abschaffung von Euro und Europäischer Union (EU).

Nur dürfen die Bürger ihre Ansichten nicht in Straftaten umsetzen. Geäußerte Ansichten jedoch sind – mit klar definierten Ausnahmen wie etwa Holocaust-Leugnung oder schlichteren Vergehen wie persönlicher Beleidigung oder Verleumdung – *in sich* keine Straftaten.

Jedem auch nur oberflächlichen Leser der ersten Artikel des Grundgesetzes muss das klar sein. Denn soll der Staat nicht nur Taten, sondern auch *Gesinnungen* beurteilen und ahnden, dann brauchen wir Gesetze, die irgendwem das Recht gewähren, unabhängig von meinen Taten darüber zu befinden, ob ich die »richtige« Gesinnung habe. Wir wären dann in einem Willkürstaat mit Weltanschauungsrecht, aber nicht mehr in einem Rechtsstaat.

Eine ganze Reihe politischer Unsitten und antidemokratischer Praktiken zum »Kampf gegen X« und zur »Rettung« oder »Stärkung« der Demokratie ist im Moralgefängnis bereits aus seinem Regime des Moralismus erwachsen. Diese Missbräuche drohen, die Reste unserer offenen Gesellschaft und leidlich – wenn auch viel zu parteienzentriert – funktionierenden Demokratie zu Tode zu »retten« und den freien Bürger in die staatlich erzeugte und überwachte Unmündigkeit hineinzubeschützen.

Wir betrachten jetzt nacheinander vier symptomatische volkspädagogische Projekte, die das Regime des Moralismus Politikern und Intellektuellen eingegeben hat: das »Demokratiefördergesetz«, die institutionalisierte »Faktencheckerei«, die staatliche Bekämpfung von »Hassrede« (merke: Das ist das Gegenteil von Liebesrede, die das »Demokratiefördergesetz« in ihrer Ausprägung als *Staats*-Liebesrede finanziell fördert) sowie den Versuch, »gerechte« Sprache einzuführen. Der Leser sollte nach der Lektüre dieser repräsentativen Beispiele leicht noch weitere volkspädagogische Vorhaben und Einrichtungen identifizieren können, die der Moralitis-Epidemie entstammen.

Vielen Lesern werden die jetzt zu besprechenden Elemente des seinem Wesen nach repressiven Regimes des Moralismus als legitime, ja demokratische Politik erscheinen; schließlich werden sie von ihren Betreibern als solche dargestellt, in den Abendnachrichten der staatsnahen Medien treulich als solche abgebildet und zumeist von allen beteiligten Politikern und Journalisten auch so verstanden.

Ich habe selbst mehrere Jahre gebraucht, um zu verstehen, was die wahre Natur dieser neuen Institutionen und Praktiken ist, und wundere mich rückblickend über meine Schwerfälligkeit. Denn diese Auswüchse unserer Moralitis-Epidemie sind augenfällig und entbehren auch nicht einer nur manchmal subtilen Komik.

Ich empfehle die in der Folge diskutierten Missbräuche, wo immer Sie sie antreffen, mehrstufig zu behandeln, und immer im Geiste heiterer Gelassenheit: Im ersten Schritt sollten sie boykottiert und dann – bei Verteidigung ihrer »Alternativlosigkeit« durch Offizielle oder Privatfanatiker – demonstrativ müde weggelächelt werden; sagen Sie nichts dazu außer vielleicht »Netter Versuch!« oder, wenn Sie es mit einem Professionellen Volkserzieher, etwa einer »Non-Government-Organization« (NGO), zu tun haben, »Wie wäre es mal mit einer richtigen Arbeit?«.

Bei penetrantem, fortgesetztem Beharren auf »Demokratieförderung«, »Faktenchecken«, Gesinnungsspekulation über meinen oder Ihren »Hass« sowie ideologischem Sprachkorrekturgehabe hilft dann nur noch *Auslachen*. Das ist wörtlich gemeint: Lachen Sie, und überlassen Sie es dem Gegenüber, sich zu winden. Schließlich startet er ja einen volkspädagogischen Angriff auf einen mündigen Erwachsenen; dafür darf er sozial ruhig etwas peinlich schwitzen.

5 Volkserziehung im Moralgefängnis

»Unsere Demokratie« schützen?

Blicken wir zuerst auf die schon an sich selbst erheiternde Idee, als Regierung eines repräsentativ-demokratischen Staates ein Gesetz zur Förderung – genau – *der Demokratie* einzuführen: Die Exekutive eines Staats beschließt, die eigene Staatsform gesetzlich zu »fördern«. Stellen Sie sich vor, der Deutsche Fußball-Bund legt gesondert und mit aufwendiger Presseverkündigung ein Programm zur Förderung des Fußballs auf.

Die Frage an einen dafür verantwortlichen DFB-Präsidenten wäre wohl: »Sollten Sie sich nicht die ganze Zeit um den Fußball kümmern und den Spielbetrieb organisieren? Warum braucht es da ein gesondertes Programm, um das zu *fördern*? Was haben Sie da versäumt? Worüber wollen Sie hier hinwegtäuschen? Wovon lenken Sie uns ab?« Genau so ist das »Demokratiefördergesetz« zu betrachten.

Aber wir lassen diese Fragen, die wir dem fiktiven DFB-Präsidenten wie auch, *mutatis mutandis*, dem Bundeskanzler stellen müssten, jetzt erstmal beiseite. Um Zugang zum Dogma der »Demokratieförderung« mit seinen Geheimnissen zu finden, müssen wir erstmal die Eingangserkenntnis vergessen, dass schon das *Konzept* in einem offiziell demokratischen Staat konfus und wunderlich ist.

Wir erbringen für den Moment die »Aufgabe des eigenen Verstandes« (*sacrificium intellectus*), die schon findige Mönche von christlich Gläubigen weise als Glaubensartikel forderten, denn: »Natur ist Sünde // Geist ist Teufel // Sie hegen zwischen sich den Zweifel // Ihr missgestaltet Zwitterkind« (Goethe, *Faust II*). Und Zweifel steht der Durchsetzung von unbegründeten Machtansprüchen im Weg.

Der Gesetzentwurf der Bundesregierung für das »Demokratiefördergesetz« geht von dem Grundsatz aus, den Bertold Brecht 1953 der DDR-Regierung nach ihrer Niederschlagung des Juni-Aufstands ironisch andichtete: dass »das Volk // Das Vertrauen der Regierung verscherzt habe // Und es nur durch verdoppelte Arbeit // Zurückerobern könne« (*Die Lösung*).[1]

Diese Haltung ist an der Begründung des Gesetzentwurfs abzulesen. Der Text, wohl von eifrigen Beamten zwischen den Ressorts bis zur Kabinettstauglichkeit abgestimmt, liefert ein Paradebeispiel für die Wahnwelt der Fundamentalisten, in die das Regime des Moralismus führt. Aus der Prosa des Gesetzentwurfes spricht genau die milde Paranoia bezüglich aller Sozialbeziehungen, die wir als Folgewirkung einer Moralitis-Epidemie verständlich gemacht haben.

Nicht die politischen Institutionen und Akteure, denen die große Mehrheit nicht mehr vertraut, sind das Problem der Republik; das Problem ist laut Gesetzesentwurf vielmehr *die Bevölkerung*. Denn Sie, werter Leser, und ich haben »eine Vielzahl *demokratie- und menschenfeindlicher* Phänomene« zu verantworten, als da wären: »die *gegen das Grundgesetz gerichtete* Delegitimierung des Staates«, »die Verbreitung von *Verschwörungsideologien*, *Desinformation* und *Wissenschaftsleugnung* […], *Hass* und *Hetze* im Internet«, kurz: Unseretwegen nehmen »multiple *Diskriminierungen* und Bedrohungen immer weiter zu«.

Man wirft hier mit ideologisch aufgeladenen und zugleich schwammigen Vorwurfsbegriffen um sich. Die Regierung stellt die Bevölkerung unter einen Generalverdacht demokratiefeindlicher Verkommenheit – um daraus einen Erziehungsauftrag abzuleiten. Alle in den Zitaten *kursiv* gesetzten Begriffe sind ideologietragend.

Um diese Begriffe in stimmiger Weise anwenden zu können, muss jemand Kriterien dafür definieren, was z. B. als Ausdruck »menschenfeindlicher« Gesinnung zu werten ist. »Verschwörung« – also die Absprache einiger Parteien zu Ungunsten, zur selektiven Information oder Irreführung einer oder mehrerer unbeteiligter Parteien – ist ebenfalls ein weicher und weiter Begriff.

Ist der Pressesprecher, der nach den Koalitionsverhandlungen nur die Hälfte der besprochenen Themen der Presse mitteilt, ein Verschwörer, gegen den man sich »demokratiefördernd« wenden sollte? Welcher Professor verbreitet »Desinformation« und »Wissenschaftsleugnung« – der Mikrobiologe, der der Regierung zu fast 100 % widerspricht, oder der Mikrobiologe, der die Regierungsbotschaft neben dem Regierungschef sitzend verkündet?

Was ist überhaupt »Wissenschaftsleugnung«? Gibt es *die* einheitliche, monolithische *Wissenschaft*, die man leugnen könnte, so wie vielleicht einige höchst eigenwillige Historiker die Mondlandung der US-Amerikaner leugnen möchten, oder wie Lavoisier im späten 18. Jahrhundert die Existenz des Stoffes »Phlogiston« zu leugnen begann, der bis dahin Verbrennvorgänge wissenschaftlich erklären sollte? Ist Wissenschaft nicht ein Erkenntnisprozess mit offenem Ausgang?

Die Interpretation schwammiger Begriffe ist immer das Einfallstor für Beurteilungswillkür. Diese Willkür müssen dem Gesetzentwurf zufolge künftig Beamte jedes Ministeriums »bedarfsgerecht« in »Förderrichtlinien« für bürgerschaftliche Projekte üben, die sie mit Parteipolitikern (u. a. mit den Ministern der Ressorts) festlegen.

Mit der Praxis der deutschen Demokratie waren im Sommer 2022 noch 59 % im Westen und 39 % im Osten zufrieden (laut Deutschland-Monitor), im Oktober 2022 laut ARD noch 54 % und 34 % (51 % insgesamt). Dem Bundeskanzler vertrauen 33 %, seiner Bundesregierung 34 %, dem Bundestag 37 % und den Parteien 17 % (Forsa, Dez. 2022). Dieser letztere Wert sank bis zum Sommer 2023 laut RTL/N-TV noch weiter bis auf stolze 9 %.[2]

In dieser Lage *wählt sich die Regierung ein neues Volk,* ganz wie Brecht es vor 70 Jahren, allerdings spottend, vorschlug. Ideologisch selektiv wird der Bund künftig Bürgeraktivitäten direkt und »nachhaltig« finanzieren, sich also Zustimmung kaufen. Das »Demokratiefördergesetz« verpflichtet den Bund, staatlich geprüfte Status-quo-Jasager für eine Republik einzukaufen, deren Akteuren die Mehrheit nicht mehr vertraut.

Wer sich die Mühe macht, die immens lange Liste der geförderten Projekte und Projektträger der Jahre 2015 bis 2019 durchzulesen, der kann sich nur wundern über die Millionenbeträge, die hier zur Erziehung einer offenkundig von »gruppenbezogener Menschenfeindlichkeit« nur so durchwobenen Gesellschaft fließen.

Auch entsteht unwillkürlich das Bild eines ganzen Heeres von steuerfinanzierten Hauptamtlichen der Volkserziehung zur Demokratie. »Wenn die Menschen plötzlich tugendhaft würden, so müssten viele Tausende verhungern«, hielt Georg Christoph Lichtenberg fest. Wehe nur, so möchte man ausrufen, die Deutschen werden wirklich einmal »Demokraten« im regierungsgewünschten Sinne.

Dann müssten sehr viele »Gender-« und »Diversity-Mainstreaming«-Projektleiter arbeitslos werden. Erst dann wird sich der lebenspraktische Wert von Junggesellen- oder Meisterabschlüssen (»B. A.« oder »M. A.«) wie den »Sozialwissenschaftlichen Diversitätsstudien« der Universität Göttingen oder des »Studienschwerpunkts Gender & Queer Studies« (»Geschlechts- und Schrägstudien«) der Universität Hamburg erweisen.

Sicher werden die von ihnen auf internen Schulungen in den Hauptstrom der Vielfalt und des Geschlechterns (denn das bedeutet »Diversity-« und »Gender-Mainstreaming«) getrimmten Vermittler der Agentur für Arbeit sie gerne etwa als Klatschpublikum in Nachmittagstalkshows vermitteln.

Aber vorerst ist alles noch in Ordnung, wie die ministeriumseigene Umfrage unter »Programmumsetzenden« (zu Deutsch: Projektleitern und Projektmitarbeitern) ergibt: »Beinahe alle im Programm geförderten Akteurinnen und Akteure kommen zu der Einschätzung, dass ›Demokratie leben!‹ wirksam ist.«[3]

Das ist nicht zu bestreiten, in jedem Falle ist es für die »Projektakteurinnen und Projektakteure« finanzwirksam. Im Bereich der »Demokratieförderung« ist es in diesem Punkt (und vielleicht *nur* in diesem einen Punkt) wie im richtigen Leben arbeitender Menschen: Man streichelt die Hand, die einen füttert. Und so halten die aus Programm-Mitteln bezahlten »Projektakteure« ihre eigene Arbeit dann auch zuverlässig für sinnvoll und wirksam.

Das letzte Wort zum Thema aber soll ein anonym bleibender Staatsaktivist selbst erhalten, der im Abschlussbericht von »Demokratie leben!« ausführlich zitiert wird. Er hat viel Wesentliches verstanden und drückt sich ähnlich ansprechend aus wie die Ministerialbeamten des Regierungstreuekaufprogramms »Demokratie leben!« im Rest ihres 100-seitigen Berichts:

> *Also ich glaube, an sich ist es ja schon eine schöne Sache, weil »Demokratie leben!« ja auch was aussagt. Also, es ist allein schon vom Namen her und von dem, was dort gelenkt wird, ist es eigentlich an sich schön, ein Teil auch dessen zu sein, von dem Großen, und ich finde auch die Kampagnen immer ganz toll und es ist an sich ein durchdachtes System.*[4]

Durchdacht ist es ohne Zweifel, und zwar mit klaren Prioritäten. Die dauerhaften Verwaltungskosten der Alimentierung regierungskonformer Bürger ohne kritische Anmerkungen zum Verhalten ihrer Repräsentanten betragen 2,2 Millionen Euro pro Jahr im hier zitierten Gesetzentwurf, von denen aber nur ca. 0,3 Millionen für Durchführungs- und Erfolgsprüfung anfallen. Die Mittelausschüttung an handverlesene Status-quo-Jasager ist offenbar viel wichtiger als die Prüfung, was diese mit dem Geld tun.

Denn »den Seinen gibt der Herr es …«, nun ja, nicht direkt nächtig »im Schlaf«, aber doch als Dauerauftrag aufs Konto mit dem größten Vertrauen, dass beim geförderten »zivilgesellschaftlichen Engagement« keine Kritik am Parteienkartellstaat herauskommen wird. Das nennen westliche Politiker – wenn es in anderen Ländern passiert – *Staatspropaganda*, *Regime-Stabilisierung* oder *Stimmenkauf*.

Misstraut die große Mehrheit den Institutionen, so kann die Regierung mit neuer Politik um neues Vertrauen werben oder die Bürger zu mehr Zustimmung erziehen. Letztere ist die Strategie einer von Moralitis geplagten politischen Klasse, die meint, ihre Sicht der Dinge sei die allgemeingültige sittliche Wahrheit und die Bevölkerung habe das eben einfach noch zu begreifen. »Mit diesem Gesetz will sich der Staat eine Gesellschaft ganz nach seinem Bilde formen.«[5]

In diesem Geiste gütiger Fürsorge rät man dem gemeinen Volk ganz konsequenterweise: »Vertrauen Sie nur den offiziellen Quellen« (Angela Merkel), »Vertrauen Sie den Gesundheitsbehörden. Vertrauen Sie der WHO. […] Vertrauen Sie […] journalistischer Sorgfalt in den Qualitätsmedien« (Ursula von der Leyen). Denn dort hört das Volk, was es hören soll, weil es die reine Wahrheit ist: »Wir werden weiterhin ihre einzige Wahrheitsquelle sein. Wenn Sie es nicht von uns hören, ist es nicht die Wahrheit« (Jacinda Ardern, ehemalige Premierministerin von Neuseeland).

Der von Merkel, von der Leyen und Ardern ausgedrückte Vormundschaftsgeist ist zu oft kommentarlos hingenommen worden, obwohl dem Bürger hier ganz offen die Mündigkeit zur eigenen Urteilsbildung aus frei gewählten Quellen abgesprochen wird. Es wird offen angekündigt, dass man ihm die Informationsquellen »zertifizieren« und damit die für ihn zulässigen Informationen vorschreiben möchte. Die Bevormundung erfolgt vollkommen offen und schamlos.

Aufgrund der selbstverschuldeten Hinnahme solch anmaßender Ansagen an erwachsene Menschen, die meist von angstfördernder Berichterstattung flankiert waren, ist ein böser Gewöhnungseffekt eingetreten: Im Regime des Moralismus wird *Zensur* – denn sie ist der sachliche Kern jedes Gedankenkontrollprogramms – von einem großen Teil der politisch Aktiven, der Journalisten und auch der Bevölkerung achselzuckend hingenommen oder gar als natürlich und wünschenswert betrachtet.

Der Chefredakteur einer überregionalen Zeitungsgruppe – ein Mann mit mehreren Jahrzehnten Erfahrung in der deutschen Medienlandschaft – berichtete mir von seiner größten Frustration in diesen Worten: »Viele Journalisten sagen mir allen Ernstes: ›Wir müssen doch irgendwem auch vertrauen. Wir können doch nicht alles hinterfragen, was vom Staat kommt.‹ Und dann zitieren sie einfach Pressemitteilungen der Regierung und Ticker-Meldungen, als wären sie Berichte.«

Auch solches Verhalten ist nur erklärlich, wenn der Grundsatz, dass der Mensch je weniger Vertrauensvorschuss eines Demokraten genießen darf, je mehr Macht er über seine Mitmenschen ausübt, vollkommen in Vergessenheit geraten und Autoritätsorientierung an seine Stelle getreten ist. Die zitierten Aussagen von Kommissionspräsidenten, Kanzlern und Premierministern hätten bei intakten demokratischen und aufklärerischen Instinkten einen Aufschrei der Empörung gerade unter Journalisten und Rücktrittsforderungen wegen Bürgerverachtung nach sich ziehen müssen.

Auch dank der sträflich arglosen Haltung manches Journalisten gegenüber den Mächtigen und ihren Verlautbarungen wird das Schreckens-Image, das der Begriff »Zensur« sich in der Geschichte totalitärer Regime redlich verdient hat, in der Öffentlichkeit nicht mehr wahrgenommen, sobald für Zensur andere Begriffe gewählt werden. Einige dieser scheinbar leicht verdaulichen Alternativvokabeln sind aktuell »Bekämpfung von Desinformation«, »Abwehr von Fake-News« – und eben »Faktencheck« oder »Kampf gegen Hassrede«.

Das ganze Ausmaß des Zensurgebarens zu bestimmen, das im geschilderten Regime des Moralismus nur konsequent ist und das sich daher gerade sowohl »natürlich« herausbildet als auch systematisch aufgebaut wird, würde ein eigenes Buch erfordern; aber mit »Faktencheckern« und der Fahndung nach »Hassrednern« (den Gegenspielern der »Liebesredner«) behandeln wir jetzt zwei Elemente des aktuellen Zensurregimes, die den Geist des Ganzen vollkommen repräsentieren.[6]

»Die Fakten« checken?

Um die Menschen daran zu gewöhnen, dass zu jeder bedeutenden Sachfrage nur eine »richtige«, dagegen aber sehr viele »falsche«, »irreführende«, »unseriöse«, »extremistische«, »russlandfreundliche«, »antiamerikanische«, »antisemitische«, »frauenfeindliche«, »diskriminierende«, »hochumstrittene«, »verschwörungsgläubige« oder auch einfach »rechte« Meinungen existieren, ist philosophische Vorarbeit in der ganzen Breite der Bevölkerung nötig.

Es muss eine Erkenntnistheorie reaktiviert werden, die sich bei den meisten Menschen ungefähr mit dem achten Lebensjahr erledigt hat. Auf diese Kindersicht der Dinge ist das Zensurhandwerk der »Faktenchecker« unbedingt angewiesen; sie lautet so: Ein Faktum ist einfach eine Wahrheit. Fakten sind einfach da. Sie sind sich selbst genug, unabhängig von Blick und Gedanken der Menschen, einmal vorhanden, dann ewig dieselben – sie sind eben ganz einfach *Wahrheiten*. Die »harten Fakten« setzen Diskutanten ins Recht und rechtfertigen Entscheidungen, »alternative Fakten« zu den »tatsächlichen« Fakten gibt es nicht. Denn schließlich gibt es nur eine Wahrheit.[7]

Diese Auffassung, Fakten seien ewig stabil und kontextfrei verfügbar, ist falsch. Nur wer diesem verkehrten Verständnis anhängt, könnte glauben, »Faktenchecker« seien schlicht Diener der Wahrheit gegen die Täuschung, die in der Verbreitung »erfundener« oder »falscher« Fakten bestehe.

Fakten (lateinisch *facta*, also Dinge, die getan oder hergestellt wurden, in diesem Sinne *Tatsachen*) werden keineswegs einfach vorgefunden oder »aufgedeckt«. Sie sind das Produkt von zwei *Faktoren*. Wie sollte auch etwas Hergestelltes, das Faktum, nicht von jemandem herrühren, der es *herstellt*? Das ist die Bedeutung des Ausdrucks »Faktor« – etwas, das zur *Herstellung* von etwas anderem beiträgt. Wir haben bei Fakten nach den Faktoren ihrer Herstellung zu fragen.

Der erste Faktor des Faktums sind reale oder behauptete Umstände, Gegenstände oder Geschehnisse. Diese sind für jeden Menschen, der sie nicht unmittelbar erfährt, als solche erstmal gar nichts. Selbst das schlimmste Verbrechen oder der schönste Fortschritt der Wissenschaft ist für jeden, der nicht selbst vor Ort dabei war, zunächst unzugänglich. Das ändert sich erst, wenn jemand diese Geschehnisse *als solche* öffentlich anspricht – d. h., wenn jemand sie unter die Begriffe »Verbrechen« und »Fortschritt« fasst und sie damit als genau diese *beurteilt*.

Und diese Urteilstätigkeit ist der zweite Faktor des Faktums: Fakten sind auf einen bestimmten Begriff gebrachte Realität – solche Umstände, Gegenstände oder Geschehnisse, über die man geurteilt hat, dass sie dies-oder-das sind. Diese Urteile sind es, die wahr oder falsch, tendenziös oder um Objektivität bemüht, sorgfältig oder leichtfertig gefällt sein können. In jedem Fall stellen sie eine These über die Wirklichkeit in den Raum.

Der Ausdruck »Faktum« lässt sich demnach so definieren: *Ein Faktum ist eine im Diskurs als wahr beanspruchte Beurteilung eines belie-*

bigen Gegenstandes der Betrachtung. Ein Faktum zu behaupten heißt, für sein Urteil soziale Verbindlichkeit einzufordern und es zur einzig rechtmäßigen Grundlage weiterer Diskussion zu erklären. Damit wird klar, warum die Fakten strittig sind: Wer die Fakten setzt, übt Macht über den Diskurs aus, ja, er *strukturiert* regelrecht den Diskursraum.

Jedes Faktum ist an beiden seiner Faktoren angreifbar: Mit mal mehr und mal weniger Anfangsplausibilität kann bestritten werden, dass die Umstände, Gegenstände und Geschehnisse überhaupt existieren, die ein Autor bei einer Faktenbehauptung als dies-oder-das beurteilt. Und das Urteil des Fakten-Proklamierers, also seine Anwendung *dieser* und nicht anderer Begriffe auf diese Phänomene, kann auch kritisiert und mit besseren oder schlechteren Gründen abgelehnt werden.

Die Sicherheit eines Faktums ist graduell, sie reicht von »unbestreitbar« bis zu »widerlegt«. Manche Fakten, wie z. B. »dass das Deutsche Reich im Ersten Weltkrieg Belgien angegriffen hat«, sind unbestreitbar, weil ihr Gegenstand (der Einmarsch deutscher Truppen in Belgien) zweifelsfrei dokumentiert ist *und* weil die Beurteilung des Vorgangs als »Angriff« nach der formalen Kriegserklärung am 04.08.1914 ebenfalls begrifflich korrekt ist.

Die Twitter-Meldung »Aliens landen in Tokyo« hingegen ist widerlegt, wenn ich trotz gründlicher Recherche in Tokyo weder die Außerirdischen noch ihr Gefährt finde *und* sich so die Anwendung des Begriffs »Landung« als gegenstandslose Fehlbeurteilung erweist.

»Unbestreitbar!« und »Widerlegt!« sind mit Blick auf ein Faktum keine Gottesurteile mit ewiger Geltung. Wir sind zu ihnen berechtigt, wenn wir einen bestimmten Methodenstandard bei der Prüfung einer Frage eingehalten haben, aber wir können immer noch irren. In seltenen Fällen werden wir auch diese Urteile revidieren, wenn im Netz unserer Erfahrung und unseres gesicherten Wissens Veränderungen eintreten, die dies rechtfertigen.

Ein Geschehnis, das der eine Journalist heute als Angriffskrieg beschreibt, kann der andere gleichzeitig als Befreiung eines Landes aus militärischer Einkreisung beurteilen. Welches Faktum sich durchsetzt, hat wichtige Auswirkungen für die weitere Diskussion: Die »Aggressoren« des einen Journalisten sind schließlich des anderen Journalisten »Freiheitskämpfer«.

Der Debattenraum zu diesem Thema wird sehr unterschiedlich strukturiert, je nachdem, welche Version sich allgemein oder doch im Großen und Ganzen durchsetzt. Diese unterschiedlichen Urteile ziehen aus demselben realen Geschehen zwei unterschiedliche Fakten (Angriffskrieg oder Befreiungsakt), die sich nun im Kampf um die Deutungshoheit befinden.

In diesem Sinne sind alle Journalisten, die nicht bloß moralische Urteile aussprechen und ihren Beruf somit als Predigtamt ausüben, *Faktenmacher*: Sie wenden ihre Urteilskraft auf Umstände, Gegenstände und Geschehnisse an und erklären sie zu diesem-oder-jenem. Dann nehmen sie diese Beurteilung des Gegenstands im Weiteren als wahr und erwiesen in Anspruch und sagen uns, was demnach der Fall ist und möglicherweise auch noch, was wir deshalb tun sollten.

Das tue ich auch, und Sie manchmal vielleicht auch. Und die Politiker aller Farben ohnehin. Auf diese Weise wird in offenen Gesellschaften Politik gemacht: mittels des Versuchs, die eigenen Urteile *als Fakten* für alle diskursiv verbindlich zu machen und die diesen Fakten (und vielleicht zufällig auch *meinen Interessen*) angemessenen Regelungen zu erreichen.

Kurz gesagt: War es 2008 f. eine »Staatsschuldenkrise der Südländer« und nicht eine »Spekulationsblase ultrareicher Finanzakteure« – so wird es politisch »Rettungspakete« für Banken regnen und gegen die Auswirkungen ihrer eigenen Fehlspekulationen wird ihnen ein steuergeldlicher Rettungsschirm aufgespannt; auf Betrugsverfahren gegen große Finanzakteure und eine Besteuerung von Finanztransaktionen hingegen wird man vergeblich warten. War 2008 f. nach etablierter Faktenlage hingegen eine »Spekulationsblase ultrareicher Finanzakteure« das Problem und nicht eine »Staatsschuldenkrise der Südländer«, so könnte es genau andersherum ausgehen.

»Faktenchecker« können sich eine erkenntnistheoretisch aufgeklärte Sicht ihres Gegenstandes, wie wir sie hier vorgestellt haben, berufsbedingt nicht zu eigen machen. Sie arbeiten lieber mit dem eingangs dargestellten, philosophisch naiven Begriff von »Faktum« als einfacher und eindeutiger Gegebenheit. Für sie sind die Ausdrücke »Faktum« und »Wahrheit« gleichbedeutend.

Das muss für ihre Zwecke so sein: Nur unter dieser Voraussetzung können sie die Teilnehmer der öffentlichen Diskussion in Gute (halten sich an »die Fakten«) und Schlechte (halten sich nicht an »die Fakten«) einteilen und die einen loben, die anderen aber an den Pranger stellen, genau wie es dem Regime des Moralismus entspricht.

Im Ergebnis prüfen »Faktenchecker« Äußerungen darauf, ob sie die bevorzugte Weltinterpretation ihrer Sponsoren stützen. Sie fragen: »Zieht ein Autor die richtigen Umstände, Gegenstände und Geschehnisse in Betracht und lässt er die richtigen außer Betracht? Und beurteilt er diese dann auch richtig, d. h. harmonisch zu den Interessen meiner Auftraggeber?« Wo ein Autor diese Kriterien nicht erfüllt, werden seine handwerkliche Sorgfalt und journalistische Seriosität angegriffen, was in regelrechte Rufmordkampagnen ausarten kann.[8]

So wenig, wie der Regenschauer den Regen schaut und der Weihnachtsmann die Nacht weiht, checkt ein »Faktenchecker« einfach »die Fakten«. Er versucht vielmehr, den gesellschaftlichen Austausch auf den vom Auftraggeber gewünschten Themen- und Meinungskorridor einzuschränken; er betreibt tatsächlich Gesinnungsprüfung und Meinungsrepression.

Im Diskurs als wahr gelten soll nur das, was den Interessen seiner Geldgeber nicht Abbruch tut. »Faktenchecker« schließen so den Diskurs und schotten das damit errichtete Biotop des rechten Glaubens und der Rechtgläubigen gegen Kritik ab. Ein pluralistischer Diskurs wird durch strukturelle Einschüchterung sabotiert und so weit möglich unterdrückt.[9]

»Hass und Hetze« bekämpfen?

Wir sahen bereits, dass Äußerungsangst und Denunziationsgeist unter den Menschen im Moralgefängnis unserer heutigen Kultur bestimmend sind. Durch moralisierendes Diskussionsverhalten erzeugen wir dieses Elend gemeinsam mit den Offiziellen und Journalisten der Republik und beitreiben das Regime des Moralismus so lange weiter, wie wir es nicht durchschauen und hinter uns lassen. Es ist nicht nötig anzunehmen, dass Äußerungsangst und Kontaktschuldfantasien planvoll von einzelnen Personen oder Gruppen geschürt werden.

Die Verstaatlichung der Zivilgesellschaft und die finanzielle Korrumpierung von Journalisten durch Gelder z. B. des Programms zum »Schutz und zur strukturellen Stärkung des Journalismus«, durch Impf-Werbeanzeigen und durch die im März 2023 bekannt gewordene, seit 2018 erfolgte Bezahlung von fast 200 Journalisten aus Regierungsmitteln für Dienstleistungen aller Art *können* allerdings nur kalkuliert erfolgen.[10] Dasselbe gilt auch für die Unsitte institutionalisierter »Faktencheckerei«, die wir gerade diskutiert haben.

Die gesinnungspolitischen Projekte rund um »Hass und Hetze im Netz« könnten dagegen auch einfach das Ergebnis mangelnder Gedankenklarheit sein. Schließlich gibt es ja reale Schwierigkeiten mit anonymitätsenthemmten Äußerungen übelster Art im Netz. Und es entspricht sicherlich demokratischen Werten, dagegen auf geeignete Weise vorzugehen, damit keine Einschüchterung der freien Debatte stattfindet. Ein Weg ist, Straftaten wie Beleidigung im Netz wie in der realen Welt zu ahnden und dafür Klarnamenpflichten einzuführen.

Im Regime des Moralismus wünscht sich eine breite gesellschaftliche Koalition offenbar einen anderen Kurs. Anhand der Internetseite »no-hate-speech.de« lässt sich das exemplarisch nachweisen. Denn nach ihren Unterstützern zu urteilen, repräsentiert sie den politischen Mainstream: Im Rahmen des Staatstreueförderprogramms »Demokratie leben!« wird das Projekt vom Familienministerium bezuschusst, ebenso wie von einigen Stiftungen großer Medien und von Twitter.

Betreiber ist ein Verband von »Neuen Deutschen Medienmachern«, der 2017 mit mehr als 500 000 Euro aus dem Kanzleramt mitfinanziert wurde und dessen frühere Chefin, Ferda Ataman, später Bundesbeauftragte für Antidiskriminierung wurde. Immerhin versteht man so gleich, was der Unterschied zwischen einem Journalisten und einem »Medienmacher« ist: Journalisten kontrollieren die Mächtigen, »Medienmacher« erstellen mit ihrer Finanzierung eben … nun ja, Medien, die etwas anderes als Machtkontrolle betreiben, weil die Mächtigen sie finanzieren.[11]

»Hate Speech (zu Deutsch: Hassrede)«, so heißt es bei »No Hate Speech«, »ist ein politischer Begriff. Dementsprechend ist die Definition [...] politisch umkämpft.« In einem Begriff, dessen Bedeutung politisch umkämpft wird, sehen die miteinander ringenden Parteien offensichtlich ein Machtmittel im Diskurs. Es wird noch deutlich werden, dass wir es bei »Hassrede« tatsächlich mit einem politischen *Kampfbegriff* zu tun haben; es fragt sich nun, wie dieser genau zu verstehen ist.

»Hass« ist eine Emotion. Wer wen oder was hasst, ist unter Menschen nicht manchmal und zufälligerweise, sondern immer und prinzipiell verschieden. Was bei einem Menschen aufgrund *seiner* Biografie Hass erregt, ist für den anderen vielleicht aufgrund *seiner* Biografie erfreulich. »Hass« als Handlungsmotiv kann deshalb immer nur vermutet werden.

Was den islamischen Wächterrat des Iran als »Hassrede« Salman Rushdies wider den Islam empören mag, das kann im Empfinden eines anderen »mutiges Wahrheit-Sagen« sein, das Tapferkeit und humanistische Gesinnung ausdrückt. Solche Vermutungen zu Beweggründen hinter Äußerungen sind aber nur subjektive, letztlich psychologische Mutmaßungen.

»Hassrede« *kann* deshalb immer nur ein politischer Kampfbegriff sein, weil er – außer in seltenen oder konstruierten Einzelfällen – nicht mit Sicherheit auf die konkreten Aussagen eines Menschen angewandt werden kann. »Hass« ist eine psychologische und moralische Kategorie, die die eine nicht direkt beobachtbare *Gesinnung* hinter dem beobachtbaren Verhalten bezeichnet.

Wegen des spekulativen Charakters seiner Anwendung sollte »Hass« in Rechtsstaaten nicht ohne Not als *juristische* Kategorie genutzt werden. Im Rechtsstaat werden gesetzlich verbotene Taten geahndet, bei Freiheit der Rede und der Gesinnung. Eine Gesinnungspolizei einzuführen oder die Bevölkerung zur Gesinnungsschnüffelei anzuhalten, ist mit dem Geist des Rechtsstaats unvereinbar.

Das erkennt das Bundesministerium für Justiz (BMJ) in seiner Kommunikation zum Gesetzespaket gegen »Hass und Hetze« von

2022 auch subtil an: »Beleidigungen, üble Nachrede und Verleumdung sind nicht von der Meldepflicht [des Gesetzespakets gegen Hass und Hetze; M. A.] umfasst, da die Abgrenzung zu von der Meinungsfreiheit umfassten Aussagen hier im Einzelfall schwierig sein kann.«[12]

Will man Aussagen, die man beleidigend, rufschädigend oder verleumdend empfindet, zur Anzeige bringen, so kann man das mit Verweis auf die wohldefinierten und altbekannten Straftatbestände der Beleidigung, der üblen Nachrede und der Verleumdung tun. Das Bundesjustizministerium wehrt sich hier zu Recht prophylaktisch dagegen, dass Bürger angehalten werden, ihnen unliebsame Äußerungen als »Hassrede« moralisch zu brandmarken und ihre strafrechtliche Verfolgung zu unternehmen.

Es ist aber nicht nur »im Einzelfall«, sondern *immer* Gesinnungs-Willkür, darüber zu befinden, wann eine Beleidigung, üble Nachrede oder Verleumdung »aus Hass« geschieht. Wäre das nur »im Einzelfall« ein Problem, wäre keine Gesetzesausnahme notwendig. Der juristische Mehrwert eines neuen Straftatbestandes »Beleidigung aus Hass« ist deshalb gleich null. Es kann bei diesem Gesetz also nur darum gehen, sich eine *gesinnungspolitische Handhabe* zur Verfolgung missliebiger Bürger zu schaffen.

Die »Medienmacher« sprechen auf ihrer Website »no-hate-speech.de« denn auch ganz offen aus, dass sie sich für die Stärkung von Gesinnungs-Willkür einsetzen – nämlich indem sie andeuten, dass wir doch alle Gesinnungsprüfer unserer Mitbürger werden könnten. Dabei verstricken sie sich in heillose Widersprüche:

»Was Hassrede ist, entscheiden zudem nicht die Hater*innen selbst (›Ich bin kein*e Sexist*in/Nazi/Rassist*in, aber …‹), sondern die so Angesprochenen. Auch, wenn die Betroffenen sich nicht zu Wort melden, können sich natürlich Dritte einschalten, um Hassrede zu benennen und auf sie zu reagieren.«[13]

Es kann leicht überlesen werden – aber mit dem ersten Satz wird die rein subjektiv-willkürliche Anwendung des Begriffs »Hassrede« als richtig propagiert. Denunziation nach Gefühlslage der gefühlt Betroffenen soll der Normalfall sein. Wir durchdenken das Zitat noch weiter und staunen noch mehr: »Hassrede« ist nicht objektiv feststellbar, jeder ist beliebig von jedem »anzeigbar«.

Sollte also z. B. Klaus, der wie jeder andere Mensch auch *selbst* entscheiden muss, wann »Hassrede« gegen ihn vorliegt, sich situativ nicht äußern, dann kann »natürlich« ein »Dritter« – der nicht wissen *kann*, ob sich Klaus von »Hassrede« betroffen sieht, weil er es ja *selbst* willkürlich entscheiden muss und sich nun einmal nicht geäußert hat – »zu Wort melden«, um die »Hassrede« gegen Klaus – die er als »Dritter« nicht erkannt haben kann, weil nur Klaus selbst über sie befinden kann und sich nun einmal nicht geäußert hat – »zu benennen«. Alles klar?

Diese Wirrnis erscheint weniger erstaunlich, wenn man einen jüngeren Vorstoß der damaligen Protagonistin von no-hate-speech.de, der Anti-Diskriminierungsbeauftragten des Bundes, Ferda Ataman, in Betracht zieht. Schrieb sie mit den »Medienmachern« bereits, der Gefühlt-Betroffene habe die legitime Entscheidungsmacht darüber, ob »Hassrede« vorliegt oder nicht, so möchte sie diese Kultur willkürlicher Diffamierung der Bürger untereinander mittels einer Reform des Allgemeinen Gleichbehandlungsgesetzes (AGG) nun gar zum Gesetz machen.

In ihrem Grundsatzpapier zu diesem Vorhaben heißt es:

> *Aktuell [d. h. laut geltendem Recht; MA] muss das Vorliegen der Benachteiligung ebenso wie das Vorliegen der Indizien vollumfänglich bewiesen werden. Das Erfordernis, eine Benachteiligung und Indizien nachzuweisen, sollte auf die Glaubhaftmachung herabgesenkt werden, das heißt, dass die überwiegende Wahrscheinlichkeit genügt. Es sollte ein Auskunftsanspruch gegenüber der diskriminierenden Partei geschaffen werden. In § 22 AGG sollten als Regelbeispiele festgeschrieben werden, dass zum Beispiel die Aussagen der betroffenen Personen, Testings oder auch das Versäumnis eines Arbeitgebers, eine Beschwerdestelle einzurichten, hinreichende Indizien darstellen können.*[14]

Ganz so, wie jeder Gefühlt-Gehasste sein Gehasstwerden in der Logik von Frau Ataman selbst beim andern diagnostizieren soll, so soll nun jemand, der meint, diskriminiert worden zu sein, auch ohne schlüssige Beweise, nur kraft seiner Aussage als »betroffene Person«, einen Mitbürger offiziell anschwärzen können.

Ein Arbeitgeber, der zum Zeitpunkt der willkürlichen Anschuldigung keine »Beschwerdestelle« für Diskriminierung unterhält, muss damit rechnen, dass ihm dies als Ausdruck mangelnder anti-diskriminatorischer Gesinnung ausgelegt wird. Und er muss den »Auskunftsanspruch« des Gefühlt-Diskriminierten erfüllen, gemäß dem Motto: »Wo mir unwohl ist, da musst du dich vor Gericht von mir vernehmen lassen.«

In der Wahnwelt von Fundamentalisten, die das Regime des Moralismus hervorbringt, geht die Fantasie der Fundamentalisten, wie schon bemerkt, dahin, *alle* durch Korrektur des Denkens und Sprechens zur Wahrheit zu erziehen und die Bürger begleitend als Gesinnungsprüfer aufeinander anzusetzen (vgl. oben, S. 56 f., 94 f.). Und sei es, wie bei den im Kanzleramt willkommenen »Medienmachern«, um den Preis des logischen Todessprungs (*Salto Mortale*), oder wie bei Frau Atamans Spätwerk, der geplanten AGG-Novelle, um den Preis rechtsstaatlicher Grundprinzipien.

Der Kunstbegriff »Hassrede« ist jedenfalls weder sinnlos noch harmlos, er ist gefährlicher Unfug. Er erzeugt ein Verwirrungspotential, indem er Moralisches und Politisches kreuzt: »Hass« als subjektive Emotion mit moralisch schlechtem Ruf und »Rede« als öffentlicher Akt. Diese logisch chaotisierende Vermengung markiert »Hassrede« als politischen Kampfbegriff.[15]

Wer »Hassrede« anklagt, der kann bei unachtsamen Zuhörern seine Spekulationen und Vorurteile über die Gesinnung anderer als Argumente in politische Diskussionen schmuggeln und dabei politische Gegner obendrein als moralisch niedrig darstellen. Wer »Hassrede« unterstellt, der greift sein Opfer durch die äußerst schwierig bis gar nicht widerlegbare Unterstellung niedriger Gesinnung an und zieht das Gespräch von der Sachebene ab. Das ist eine besonders perfide Form illegitimer Moralisierung oder, im Falle der öffentlichen Anschuldigung, der Demagogie.

Die juristischen Grundlagen und die Melde-Infrastruktur dafür zu schaffen, »Hassrede« im Netz und anderswo zu »bekämpfen«, bedeutet, Gesinnungsprüfung zur Staatsaufgabe zu erklären und Denunziationsgeist in die Bevölkerung zu tragen. Die Aufforderung, »Gesinnungsverstöße« zu melden und dafür sogar staatliche Stellen einzurichten – wie erst jüngst auch wieder mit der »Meldestelle Antifeminismus« geschehen –, ist das Kennzeichen intoleranter, ideologisch totalitärer Gesinnung.[16]

Es wird eine rechtlich gegenstandslose Gesinnungsrhetorik über das soziale Leben gestülpt und ein Unsicherheitsraum geschaffen, wo in einer offenen Gesellschaft ein freier Debattenraum sein muss. Es werden Angstleitplanken in den Diskurs eingezogen, von denen der normale Mensch nie genau wissen kann, wo sie gerade verlaufen. Die Sachdiskussion wird tendenziell verwirrt, die Bürger werden in »Gute« und »Böse« unterteilt und zur gegenseitigen Denunziation ermuntert.

Irgendjemandem in irgendeinem Apparat wird immer öfter das Willkürrecht eingeräumt, abseits klarer Rechtsbegriffe darüber zu entscheiden, was wohl jemandes Gesinnung bei einer Handlung sei – und ihn dann nach Maßgabe des Ergebnisses seiner subjektiven Spekulation anzuklagen. Das plausibel und sogar richtig zu finden, ist das Ergebnis einer schweren, unerkannt durchlittenen Moralitis. Ein Staat jedoch, der Gesinnungsspekulationen juristisch institutionalisiert, ist auf dem Weg von einem Rechtsstaat hin zu einem Willkürstaat.

»Gerechte« Sprache sprechen?

Moralische Fundamentalisten möchten nicht nur mit »Faktencheck«-Agenturen einschränken, was gesagt wird, und die Menschen zur gegenseitigen Unterstellung unmoralischer Motive ihrer Äußerungen anstiften. Nein, im Moralinrausch verlangt der Richtigstellungseifer der Selbstgerechten auch, dass der Sprachgebrauch in Wort und Schrift ihren ideologischen Maßstäben angepasst wird. Daher das Bemühen, »gerechte« Sprache einzuführen und diese für alle wo nicht rechtlich, so doch praktisch verpflichtend zu machen.

Und so setzt jetzt manchem Moderator in Radio und Fernsehen der Atem kurz aus, bevor er aus »Student« die phonetische Komödie »Student-*innen*« macht. Stern*innen, Unterstrich_innen und Schrägstrichalbträume binden auch in der Schriftsprache Geisteskapazität in dem Bemühen, den Verdacht zu vermeiden, man wisse nicht oder halte es gar für nicht andauernd betonenswert, dass es ja doch Männer *und* Frauen gibt.

Es handelt sich bei der ideologischen Sprachkorrektur um politische Heimtücke, die aus moralischer Niedertracht geboren ist und die in diktatorischem und totalitärem Geist ausgeübt wird. Und das Ganze ist logisch betrachtet grober Unfug, der auf einfachen Gedankenfehlern beruht. Selbsternannte Sprachkorrektoren verhalten sich, wie ich nun zeige, entweder manipulativ oder dumm.[17]

Stellen wir uns eingangs einmal vor, alles Deutsch wäre durch-»gegendert«, durch-»antidiskriminiert«, durch-»diversifiziert« und so fort – und nun läge vor uns das *Dudel des neuen Deutsch*, fortan kurz: das *Dudel*. (Das Werk kann nicht wie bisher *Der Duden* heißen, denn damit würde die Sprache einseitig männlich besetzt. Deswegen wird er durch Tausch des »n« gegen ein »l« zum *Dudel* neutralisiert.) Jetzt frage ich seinen Herausgeber: »Woher wissen wir, dass die deutsche Sprache, wie sie im *Dudel* niedergelegt ist, tatsächlich eine gerechte Sprache ist?«

Darauf wird er mir so oder so ähnlich antworten müssen: »Nun, das Deutsch des *Dudel* ist vollständig durchgegendert, entrassifiziert, durchdiversifiziert und so fort. Wir arbeiten mit den Gesinnungs-Meldestellen (für Anti-Islamismus, Anti-Feminismus, etc.) zusammen und achten auf die Online-Debatten. Und dann passen wir die Sprache jeder öfters gefühlten Verletztheit so an, dass sie künftig ausgeschlossen sein wird.« Darauf ich: »Sie und Ihr Herausgebergremium des *Dudel* erarbeiten und verwalten also den Standard für Sprach-Gerechtigkeit?« »Ja, so kann man das sagen«, entgegnet der Herausgeber. Ich denke mir, dass diese Auskünfte schon ausreichen, um die Sache aufzuklären.

Will ich dem *Dudel*-Team nun widersprechen und einen eigenen Standard der Sprachgerechtigkeit geltend machen, so tue ich das natürlich in genau der Sprache, von der die Sprachkorrektoren annehmen, sie sei »ungerecht« und bedürfe der Berichtigung. Dies ist nicht lediglich *eine* ihrer Thesen, es ist ihre *fundamentale* Prämisse – die Annahme, auf der all ihre Überlegungen und Aktivitäten für eine »gerechte« Sprache beruhen.

Egal, welchen Einwand ich also in der etablierten Sprache vorbringe, und egal auch, ob ich mich gegen einen einzelnen »korrigierten« Ausdruck oder die große Leitidee einer »gerechten« Sprache wende, die Antwort des *Dudel*-Teams kann logischerweise im Kern immer nur dieselbe sein: »Sie benutzen eine geschlechterungerechte, rassifizierende, diskriminierende, diversitätsfeindliche Sprache. Deshalb ist Ihr Einwand nur ein Beleg des Problems, gegen das wir ankämpfen.«[18]

Es ist nur so: In einer im Ganzen ungerechten Sprache wäre es unmöglich, die Ungerechtigkeit dieser Sprache *mit den Mitteln dieser Sprache* festzustellen. Wie sollte diese Ungerechtigkeitsdiagnose nicht ihrerseits von der Ungerechtigkeit der ungerechten Sprache betroffen sein? Wenn alle Berliner lügen, so kann man auch dem Berliner, der einem dies erklärt, nicht über den Weg trauen. Der Schlaf der Semantik, so können wir Francisco de Goya abwandeln, gebiert Ungeheuer. Oder Lacher?

Weiterhin beruht die Idee einer »ungerechten« Sprache auch noch auf einer Begriffsverwirrung: Gerechtigkeit ist eine Eigenschaft von Sachverhalten und den Aussagen, in denen sie ausgedrückt werden; auch ein Mensch kann seinen Prinzipien nach als gerecht bezeichnet werden. Gerechtigkeit ist aber *nicht* eine Eigenschaft des Zeichensystems, in dem diese Aussagen formuliert werden. Zu sagen, eine Sprache sei ungerecht, beruht auf einer Verwechslung oder Vermengung der bedeutungsmäßigen Dimensionen »Sprache« (verstanden als Zeichensystem) und »Ausdruck« (verstanden als *Anwendungsfall* eines Zeichensystems).

Denselben Fehler würde jemand begehen, der das Tonsystem der abendländischen Musik oder die Farbpalette im Tuschkasten »hässlich« nennt. »Hässlich« oder »schön« sind Eigenschaften, die nicht einem Tonsystem oder dem Tuschkasten zukommen, sondern dem einzelnen Werk, das mit den Mitteln dieses Tonsystems oder dieser Farbpalette kreiert wird. Wer ein Tonsystem als »hässlich« bezeichnet, kann die Begriffe »Tonsystem« und »Stück« nicht auseinanderhalten; oder aber er hat sie verstanden und will unser Denken und Sprechen manipulieren (denn Sprache ist öffentlich).

Wir haben aber damit zu rechnen, dass an der Unsinnsidee der »ungerechten« Sprache vehement festgehalten wird: Sie ist sehr bequem. Die Prämisse, die ganze Sprache sei »ungerecht«, macht es – wird sie unbedachterweise akzeptiert – *argumentativ unmöglich*, legitime Einwände gegen das Programm der Sprachreformer zu formulieren. Durch Einführung dieser Annahme bringen sie sich in eine unangreifbare Position und können ihre Widersacher buchstäblich entmündigen.

Das nenne ich, wo es bloß akademisch passiert, kopflos; wo es aber mit der Absicht auf öffentliche Wirkung geschieht, da ist es politische Heimtücke. Betrachten wir jetzt einige Beispiele für die grammatische Manipulation etablierter Ausdrücke in heimtückischer politischer Absicht, um das Bewusstsein dafür zu schärfen. Moralitis kann auf das Sprachvermögen durchschlagen.

Nehmen wir das Wort »Flüchtling«, aus dem »Geflüchteter« gemacht wird, weil man meint, das sei ein würdevollerer (oder sonst wie »besserer«) Ausdruck. Ein Geflüchteter ist jemand, der geflüchtet ist. Das bedeutet, dass er jetzt nicht mehr da ist, wo wir gerade über ihn sprechen. »Al Capone ist aus dem Gefängnis geflüchtet.« Al Capone ist also jetzt ein Geflüchteter (man sagt auch »Flüchtiger«); er ist nicht mehr im Gefängnis.

Ein Flüchtling ist jemand, der geflüchtet ist, z. B. aus Syrien, und der jetzt hier, wo wir von ihm sprechen, gegenwärtig ist – in Deutschland, Belgien, oder wo immer wir uns gerade auch befinden mögen. Die treffende Bezeichnung für jemanden, der aus Syrien oder von anderswo geflohen ist und sich nun hier bei uns befindet, ist deshalb »Flüchtling«.

Anders als etwa die Worte »Neuankömmling« oder »Zugezogener« erfasst dieser Ausdruck die furchtbare Tatsache, dass dieser Mensch fliehen musste *und* die Tatsache, dass er kürzlich hier ankam. Wären alle Flüchtlinge in Deutschland Geflüchtete, so müssten wir uns über ihre Integration keine Gedanken mehr machen. Sie wären dann nicht mehr hier.

Paart sich Moralismus mit schlechten Grammatik-Kenntnissen, so spricht man auch von »Studierenden« oder »Mitarbeitenden«, wenn man Studenten und Mitarbeiter meint. Es handelt sich bei den *Ausdrücken* »Studierende« und »Mitarbeitende« jedoch um Adjektive (Eigenschaftsworte), die künstlich zu Substantiven (Hauptworten) gemacht werden.

Ein Adjektiv bezeichnet die Eigenschaft eines Subjekts, wie hier: »*Mitarbeitend* karikiert Andrick den Bundeskanzler« oder »*Studierend* lernt Andrick, was Totalitarismus ist«. Das klingt künstlich; wir erwarten eher Adjektiv-Beispiele wie »Das Auto ist *rot*« oder »Andrick ist *nicht grün*«. Aber die Adjektive »mitarbeitend« und »studierend« sind korrekt gebildet. Sie sagen aus, dass jemand Bestimmtes zeitweise die Eigenschaft hat, mitzuarbeiten bzw. zu studieren.

Was nun aber, wenn der Mitarbeiter seinen Hammer weglegt und Brotzeit macht? Nun, dann arbeitet er nicht mehr mit, sondern er isst und trinkt. Er ist also in der Mittagspause kein »Mitarbeitender«, aber immer noch ein Mitarbeiter. Und wie sieht es beim Studenten aus, der den Griffel fallen lässt und eine Bergwanderung unternimmt? Richtig: Dann ist er während der Wanderung eben kein »Studierender« (denn er wandert ja gerade und studiert nicht), aber immer noch ein Student.

Jedoch *muss* ein periodisch »Mitarbeitender« andererseits noch kein Mitarbeiter der Firma sein; vielleicht sprach er ein Deutsch mit Fantasieworten und wollte dies den Kollegen aufnötigen, und so durfte er nur kurz Praktikant sein. Als ein abends »Kochender« bin ich, meine Berliner Gäste wissen es, noch lange kein Koch.

Die unstimmige Idee einer »gerechten« Sprache, die solche gleichermaßen logikverderbenden wie lächerlichen Verrenkungen produziert, verlangt *prinzipiell* die Abgabe des eigenen Urteils an eine Zentralautorität, an einen Sinndiktator (wie die *Dudel*-Redaktion). Das Konzept ist seiner Natur nach diktatorisch und totalitär – wer es durchsetzen wollte, der dürfte keinen Aspekt des menschlichen Lebens, in dem Sprache eine Rolle spielt, unkontrolliert lassen. Nichts bliebe da unangetastet.

Aldous Huxley hat das verstanden und die totalitäre Fantasie der Herrschaft über Menschen durch Herrschaft über ihre Sprache literarisch gnadenlos ausgesponnen. In seiner Dystopie *Schöne Neue Welt* (engl. *Brave New World*, 1932) werden die in Reagenzgläsern erzeugten Menschen während ihres Heranwachsens buchstäblich besprochen.

Das Verfahren nennt er »Hypnopädie«: Durch stete Wiederholung ab früher Jugend und im Schlaf werden die sittlich erwünschten Vorstellungen – differenziert nach fünf Gesellschaftskasten, deren eine für jeden Heranwachsenden vorbestimmt wird – hypnotisch verankert. Die so implantierten Gedanken und Gefühlstönungen, erklärt Huxley uns, machen dann »den Geist des Kindes aus, sein ganzes Leben lang«.

Der Gedanke der zeitgenössischen Sprachmanipulatoren ist genau der Gedanke der Huxley'schen Hypnopäden: Wird die Sprache so formatiert, dass den eigenen Idealen gar nicht mehr zuwidergedacht und zuwidergehandelt werden *kann*, so können die »Bösen« nicht mehr lange böse bleiben. Sie werden von moralischen Fundamentalisten einfach zur Einnahme der ideologischen Medizin gezwungen.

Diese wollen lieber nicht demokratisch versuchen, eine Mehrheit der Bevölkerung für ideologisch motivierte Schrift- und Sprachveränderungen zu gewinnen – angesichts aller Umfragen z. B. zum Thema »Gendern« ein völlig aussichtsloses Unterfangen.[19] Die große Mehrheit, die für ihren Lebensunterhalt gegenständlich und handfest arbeiten muss, ist weder einfältig noch politisch heimtückisch.

Dazu neigt nur die Minderheit der hauptberuflichen Ideenbekenner des staatsabhängigen Milieus, die in den großen Städten konzentriert sind: Dort sammeln sich die Ideologen aller Farben, denn nur dort gibt es die Verbände, Parteien und Verwaltungen, die für ideologische Zuverlässigkeit bezahlen. Die Schranze ist eine städtische Spezies, die in der Provinz, wo produktive Erwerbsarbeit dominiert, schlecht überlebt.

Statt in der Konfrontation mit Grundschullehrern, Bäckern, Busfahrern oder Experten aus technischen Berufen einen peinlichen Untergang zu erleiden, versuchen Sprachputschisten mit Atemschluckauf und Sternchenfieber lieber, die eigenen ideologischen Einfälle direkt in die Umgangsformen hineinzuzwängen. Es geht um eine politische Kaperung der Sprache.

Die Verletzung von Sprachregeln im Gestus einer neuen Selbstverständlichkeit – von der man weiß, dass sie nicht existiert, denn sonst hätte man keinen Grund, sie vorzuführen – stellt klar, dass man sich nicht auf einer Stufe mit dem anderen in einem gleichberechtigten Austausch sieht. Vielmehr betrachtet man sich als Lehrer und Aufklärer einer erziehungsbedürftigen Mitwelt. Mich in meiner Muttersprache mit selbst erfundenen Kunstworten oder Kunst-Aussprachen anzureden, ist eine anmaßende pädagogische Übergriffigkeit: Jemand will mich zurechtweisen, als wäre er mir moralisch vorgesetzt oder übergeordnet.

Die leichtfüßige Banalität, mit der jede Dorfverwaltung gönnerhaft erklären zu dürfen meint, man »stelle es im Schriftverkehr frei« oder »überlasse es jedem selbst«, den Kult der neuen Kunstworte und Atemstockungen mitzumachen, ist sträflich. Das »Gendern« muss mitsamt allen anderen ideologischen Sprachmanipulationen sozial geächtet und in allen öffentlichen Institutionen dienstvorschriftlich unterbunden werden; es schadet dem Gemeinwohl. Nicht nur in dieser oder jener Frage, sondern durch Untergrabung der Grundlage einer freien und ungezwungenen Diskussion: der gemeinsam und sicher beherrschten Sprache.

Totalitärer Geist contra Demokratie

Das Regime des Moralismus ist seiner Tendenz nach totalitär – denn jeder Teilnehmer, ob Vollzeit- oder Teilzeit-Fundamentalist, vertritt ja nicht nur ein Interesse unter vielen, sondern das Gute. Moralisierung öffentlicher Angelegenheiten ist der Weg erst in eine empfundene emotionale und atmosphärische Enge, die wir das Moralgefängnis nennen, und dann in eine schrittweise, an jeder Stelle auch umkehrbare Entwicklung in Richtung eines totalitären Staats und seiner lebensverstümmelnden Unfreiheit.

In dem Augenblick, in dem das Gespräch über die beste Lösung einer Gemeinwohl-Frage zum Gespräch darüber entartet, wer der Gute mit den richtigen und wer der Böse mit den falschen Ansichten ist, wird die schiefe Bahn zur Diktatur der selbsternannten »Gerechten« über eine zu erziehende Masse betreten.

Der Machthunger einer solchen Diktatur und ihre Übergriffigkeit auf den Einzelnen *können* keine Grenze kennen, weil jeder Verzicht auf eine denkbare Einflussmöglichkeit der moralischen Logik zufolge eine schuldhafte Schwächung der guten Sache bedeuten würde – den sittlichen Hochverrat, den moralischen Bankrott.

Spitzen wir es zu: Ob wir in Nordkorea oder Norddeutschland leben, entscheidet sich in diesem Kulturzustand nur noch daran, wie weitgehend der öffentliche Diskurs durch konzentriertes Geld oder konzentrierte politische Macht oder beides ideologisch zugerichtet wird und wie weitgehend die Staatsgewalt bei Abweichung auf Geist und Körper der Untertanen durchgreift.

Das wirkende Prinzip ist hier wie dort dasselbe: ein vormodernes Verständnis von Politik nicht als Ausgleich von Interessen Gleichberechtigter, sondern als Durchsetzung der sittlichen Wahrheit. In einem Staat, dessen Gesellschaft durch eine Moralinepidemie verheert wurde, ist die Demokratie vielleicht noch eine institutionelle Form, nicht aber eine gelebte Praxis.[20]

Kollektiv, das heißt als Summe des Handelns vieler Einzelner, führt eine Moralin-Epidemie unausweichlich zur Beendigung der Demokratie. Wir (Teilzeit-)Fundamentalisten erzeugen und betreiben gemeinsam das Regime des Moralismus, das sie zugrunde richtet. Politiker und Journalisten, die einen schweren Moralitis-Verlauf erleiden, multiplizieren den diskursiven Schaden und beschleunigen diese Entwicklung mit der ganzen Macht der Demagogie, der Volksverhetzung.

Die (Teilzeit-)Fundamentalisten aller Standarten schaffen die Demokratie nicht plötzlich auf einen Schlag ab. Sie geben aber im Fieber ihrer Moralitis ihre Standards unbemerkt auf und höhlen ihre Praktiken so weit aus, bis das leere Gehäuse dann bei der ersten ernsthaften Windböe in sich zusammenfällt. Kurzfristig müssen wir auf einen günstigen Wetterbericht hoffen: Das Regime des Moralismus ist an die Stelle einer demokratischen politischen Kultur getreten, wir leben im Moralgefängnis. Diesen harten Befund durchdenken wir noch etwas weiter.

Wie der Einzelne unter dem Einfluss von Moralin in eine realitätsferne Sicht der Dinge abrutscht, dürfte zwar nun deutlich sein: Seine punktuelle Abkehr von der Erkundung der Tatsachen und seine Hinwendung zur persönlichen Bezichtigung kollidiert mit derselben Handlungsweise bei anderen, und die Effekte dieser vielen Einzelaktionen verstärken sich im öffentlichen Raum gegenseitig – bis wir politisch in eben der Wahnwelt von Fundamentalisten leben, von der uns die gerade betrachteten spalterischen Praktiken und Projekte zeugen.

Warum das Regime des Moralismus eine Demokratie jedoch *zerstören* sollte, ist noch nicht offensichtlich: Unsere Regierungsgebäude und Gerichte stehen an ihrem alten Platz, Wahlen werden abgehalten und das Grundgesetz gilt weiter auch in Zeiten einer Moralinseuche. Die Institutionen aber sind nur beschilderte Aufbauten. Das Fundament der Demokratie ist die tägliche Praxis in diesen Institutionen und der tatsächliche Umgang der Bürger miteinander. Und diese greift die Moralitis-Epidemie an.

Die hier entwickelte Theorie der Moralisierung und Demagogie besagt, dass im Regime des Moralismus nicht *hier* die Täter und *dort* die Opfer zu finden sind; vielmehr ist Moralin ein Erreger, mit dem *wir alle* in Kontakt kommen, und Moralitis – das unbewusste oder gedankenlose, jedenfalls aber gewohnheitsmäßige Moralisieren – ist eine Infektion, die uns alle immer mal wieder und unterschiedlich schwer erwischen kann.

Recht verstanden kann man dieses Buch deshalb nicht als jemand lesen, der alles unbeteiligt »von außen« betrachtet. Das Scheitern unserer offenen Gesellschaft ist auch *unsere* Sache. Der Vorwurf, die Demokratie praktisch beendet zu haben, geht nicht allein an diese oder jene Spezialklientel – vielleicht an »Rechte« oder »Linke« oder, wie ich manchmal lese, »linksgrüne Journalisten« oder den »Finanz-Oligarchen-Kapitalismus« –, sondern an *uns* als Bürgerschaft. Entfremdung und wachsendes Misstrauen sind eine Koproduktion vieler in einer gemeinsam alltäglich gestifteten Kultur.

Deswegen ist es für die richtige Kartierung seiner politischen Umgebung immer noch wichtig, sich zu fragen, wer mit welcher guten oder bösen, eigennützigen oder gemeinnützigen Absicht agieren mag. Aber solche Überlegungen und Nachforschungen ergeben nur Orientierungswissen, sie lösen das Problem der verfallenen Demokratie nicht.

Die philosophische, also prinzipielle Erklärung für spalterisches Handeln, die wir hier gegeben haben, erlaubt es, über diese nützlichen Spekulationen hinauszugehen und das Problem an der Wurzel, am Handeln des Einzelnen, an *meinem* Handeln anzupacken: Egal wer spalterisch handelt, andere oder wir selbst, es funktioniert immer in derselben Weise und kann deshalb auch überall auf dieselbe Weise abgestellt werden.

Nichts ist wichtiger. Moralisierung und Demagogie sind antidemokratische Verhaltensweisen, ja mehr noch: *demokratiebeendende* Verhaltensweisen. Diese Einsicht besagt, dass die Demokratie sofort beginnen wird zu gesunden, wenn die Bürger diese Verhaltensweisen ablegen und über Kandidaturen, Wahlen und ihr mediales Konsumverhalten die politische Klasse zwingen, ihnen darin zu folgen.

Das bestätigt ein Blick auf die grundsätzliche Gesinnung, die eine Demokratie bei ihren Bürgern voraussetzen muss, aber nicht selbst hervorbringen kann. Diese oft aus Ernst-Wolfgang Böckenfördes Aufsatz »Die Entstehung des Staats als Vorgang der Säkularisation« zitierte Einsicht (»Der freiheitliche, säkularisierte Staat lebt von Voraussetzungen, die er selbst nicht garantieren kann«) ist in Wahrheit eine große, aber eben grundlegende Banalität.[21]

Gründet der Staat nicht mehr auf offenbarten oder sonst wie einer jenseitigen Wahrheit verbundenen Grundlagen, die als absolute Autorität zu akzeptieren sind, so *kann* er auf gar nichts anderem beruhen als auf menschlichen Willenserklärungen – auf menschlicher Gesinnung, die sich in der Verfassung des Staats eine durchdachte Form gibt.

Worin besteht noch einmal dieses nicht erzwingbare Fundament, die schon erwähnte alltägliche Einstellung und der normale Umgang der Bürger miteinander in einer Demokratie? Was ist *demokratische Gesinnung*? Ich möchte nur vier Tugenden eines Demokraten hervorheben, die sich bestimmt noch ergänzen ließen. Demokratie verlangt von uns Selbstvertrauen, Wissen-Wollen, Toleranz und Disziplin.

Bürger einer Demokratie brauchen das *Selbstvertrauen* der Vernunft, das Zutrauen in sich, über Sachverhalte aus selbst erwogenen Gründen zu urteilen. Dieses eigene Urteil ist der Akt, in dem sich der demokratisch gesinnte Bürger als Souverän seines Landes äußert. Traut er sich kein eigenes Urteil zu (oder traut er es sich wohl zu, wagt aber im gegebenen sozialen Klima nicht, sein Urteil zu äußern), so dankt er als Souverän ab. Ein Bürger aber, der als Souverän abdankt, ist kein Demokrat. Er ist ein Unmündiger – jemand, der andere für sich sprechen und über sich bestimmen lässt; jemand, der denen anspruchslos Gefolgschaft leistet, die sich (wie Kant es nennt) zu seinen Vormündern aufschwingen.

Unser durch Moralisierung und Demagogie angstbesetztes Diskussionsklima legt diesen Demokratieverrat durch Verschwiegenheit jedem Bürger laufend nahe. Ein Demokrat kann dem nicht nachgeben. Wer dem nachgibt, ist kein Demokrat, sondern bildet sich das nur ein und entschuldigt es vielleicht damit, Opfer der Umstände zu sein, während er selbst undemokratischen Zuständen Vorschub leistet, indem er seinen Beitrag zur Regierung verweigert. Der Beitrag des Bürgers zur Regierung ist seine Meinungsbildung und seine Meinungsäußerung, die nicht nur in der gelegentlichen Stimmabgabe bestehen sollte.

Außerdem sollte ein Demokrat es als Gewinn empfinden, sich von einer bloß aufgeschnappten Meinung zu konkretem Wissen um Sachverhalte vorzuarbeiten: Er sollte *wissen wollen*. Aus der Erkenntnis, immer zunächst einmal in bloßen Meinungen zu stecken und zu Wissen erst noch kommen zu müssen, entsteht bei Bürgern einer Demokratie die Liebe zum Verstehen. Wer verstehen will, muss erst einmal in die Lage kommen, zu sehen und zu hören, welche gut begründeten Ansichten es bei einem Thema zu verstehen gibt.

Das erfährt er von den anderen Bürgern, aber nur, wenn er *Toleranz* aufbringt, d. h. Leidensfähigkeit: Er muss die anderen nach ihren Auffassungen und Gedanken befragen – nachdem er die eigenen Vorurteile, die diese Öffnung immer mühselig machen, beiseitegelegt hat, also mit ehrlichem Interesse und mit niedergehaltenen ideologischen Reflexen. Diese Erkundung, in der die Tugend der Toleranz sich bewährt, ist immer die gleiche, ganz egal, ob ich persönlich mit Mitbürgern spreche, ob ich Zeitungen lese oder mich ins stille Selbstgespräch über die Dinge begebe.

Disziplin als Kennzeichen demokratischer Gesinnung hat ihren Einsatz, wenn ich im Prozess des Verstehens stecke: wenn ich die Differenz zwischen meinen Vormeinungen und dem wahrnehme, was der andere sagt; wenn ich die Stimmigkeit seiner Sicht aus seiner Perspektive würdige. Vielleicht kann ich seinen Argumenten zustimmen, vielleicht nicht. Aber in jedem Fall weiß ich als Demokrat, dass mein Gesprächspartner genauso der Souverän des Landes ist, wie ich es bin.

Deshalb suchen Demokraten zunächst die Verständigung – das gegenseitige Verstehen der Perspektive, aus der man spricht, und der Anschauungen, die einen dabei leiten. Nur so ist es überhaupt möglich, eine Einigung zu versuchen, die oft genug misslingen wird. Aber das ist das Geschäft des demokratischen Umgangs unter gleichberechtigten Personen.

An alle vier dieser Tugenden demokratischer Gesinnung legt Moralisierung die Axt: Wer in einem angstbelasteten Diskussionsklima für einfache Meinungsäußerung soziale Sanktionen fürchtet, dessen Zutrauen in den freien Gebrauch der Vernunft und seines eigenen Urteils *muss* leiden, egal wie tapfer er charakterlich auch sein mag.

Wo schon interessiertes und offenes Nachfragen nach den Motiven der gerade moralisch gebrandmarkten Akteure jemanden offiziell »umstritten« macht und zur Schmähung als »XYZ-Versteher« oder »XYZ-Verharmloser« führen kann, da wird manchem das Wissen-Wollen verleidet.

Der demokratischen Tugend der Toleranz spricht Moralisierung und Demagogie offen Hohn; ihr Wesen besteht ja gerade im Wechsel von gleichberechtigtem Diskutieren zur Anklage des anderen als moralisch fragwürdig oder verworfen. Auch in der eigenen Gesinnungsblase, in die man sich vielleicht sicherheitshalber zurückzieht, wird Toleranz nicht mehr geübt, weil eh alle mehr oder weniger dasselbe sagen. Es wird stattdessen eher Korpsgeist kultiviert.

Und darunter leidet schlussendlich auch die Disziplin, seinem Verstehen auch zu Einsichten zu folgen, die den eigenen Vorurteilen, den gewohnten Medien und Lieblingsautoren widersprechen. Gerade mal 37 % der Bevölkerung interessieren sich in Deutschland heute noch für Diskussionen mit Andersdenkenden.[22]

Wo Moralin sich ausbreitet, da verfällt das demokratische Zusammenleben. Ja wirklich: Die moralindurchseuchte Kultur ist, je nach Blickrichtung, Ursache und Wirkung von Demokratieverlust. In der Bundesrepublik Deutschland stimmen Inhalt und Beschriftung nicht mehr überein; in unseren Institutionen ist nicht mehr das, was ihre Benennung erwarten lässt. Und die Bürger, alle angeblich Demokraten, fügen sich mehrheitlich dem Angstdruck, den die zum Moralgefängnis mutierte Ordnung erzeugt: Sie akzeptieren das Regime des Moralismus.

6 Bedrohung und Befreiung

Westliche Immunschwäche

Jedes Land kann durch eine Moralitis-Epidemie ins Regime des Moralismus geraten: Seine politisch interessierten Bürger werden durch gewohnheitsmäßiges Moralisieren und die dadurch entfachte Sozialdynamik zu (Teilzeit-)Fundamentalisten, die eine Demokratie dann im Zusammenwirken mit demagogischen Politikern und Journalisten beenden oder eine undemokratische Ordnung noch brutaler und konfliktträchtiger machen werden.

Allerdings sind gerade die Bürger westlicher Industriestaaten und noch einmal verschärft die Deutschen anfällig dafür, schwer an Moralitis zu erkranken und sich Schritt für Schritt in ein selbstgebautes Moralgefängnis einzumauern. Der Moralismus lässt dabei die Reflexion verkümmern und die propagandistische Verkitschung jedes Themas erblühen. Spalterisches Handeln, Moralisierung und Demagogie haben bei »Westlern« und insbesondere bei den Deutschen traditionell leichtes Spiel und einen besonders durchschlagenden Effekt. Warum ist das so?

Diese Frage lässt sich in zwei Erwägungsrichtungen verfolgen, in der historischen und in der psychologischen; beide sind miteinander verschränkt und nicht sauber zu trennen: Wir können fragen, welche geschichtlichen Erfahrungen den politischen Westen generell und die Deutschen im Besonderen geprägt haben, aus denen sich eine Affinität zu den spalterischen Praktiken Moralisierung und Demagogie ergeben hat.

In der jüngeren Geschichte werden wir darüber hinaus mit Entwicklungen wie der Dominanz neoliberaler Wirtschaftsweise, der Erhöhung von Konkurrenz- und Arbeitsdruck sowie der Vereinzelungs- und Vereinsamungstendenz der Digitalisierung auch psychologische Faktoren finden, die Exzesse der Moralisierung bis hin zur Gefahr einer Bildung totalitärer Staaten begünstigen.

Was nun in historischer Perspektive den Westen im Allgemeinen betrifft, so ist uns eine Tendenz zur Moralisierung von Gemeinwohlfragen aus der Blockkonfrontation bis 1989 überliefert. Ihr war ein starkes Element von Demagogie fest eingebaut. Noam Chomsky und Edward S. Herman nennen dieses Element, das für sie einen der fünf Zensur-Filter des US-Mediensystems darstellt, »Anti-Kommunismus«.[1]

Diese fest verankerte Doktrin besagt in etwa, dass die durch den Ostblock und in anderer Form durch China repräsentierte Alternative zu Kapitalismus und repräsentativer Demokratie nicht nur konzeptionell irregeleitet und unschlüssig sei, sondern auch auf moralisch verwerflichen Fundamenten beruhe.

Die marxistische Vorstellung einer gesetzmäßigen Entwicklung der Geschichte hin zur klassenlosen Gesellschaft spiele totalitären politischen Programmen in die Hände und sei mit bürgerlicher Freiheit prinzipiell unvereinbar; außerdem seien die Gründungsfiguren des Kommunismus fast durchgehend sinistre Gestalten, ja Verbrecher gewesen.

Die allgemeine Verbreitung und endlose Wiederholung dieser (oder einer ähnlichen) Meinungs-Orthodoxie zum Kommunismus ermöglichte es westlichen Politikern, ihren Machtinteressen ungünstige Positionen und missliebige Personen mit »kommunistischen« Assoziationen zu diskreditieren.

Ob es um »unamerikanische Umtriebe« in der McCarthy-Ära in den USA geht, den »Radikalenerlass« der biederen Bundesrepublik oder (in ideologischer Gegenrichtung) um die in der DDR übliche Benachteiligung von Menschen, die nach offizieller Lesart den falschen »Klassenstandpunkt« vertraten und so dem Klassenfeind, den Kapitalisten, »in die Hände spielen«: Immer waren moralisch grundierte Schmähbegriffe selbstverständliches Element der Staatspolitik und bildeten die theoretische Basis eines rechtsstaatlich undenkbaren und inakzeptablen Weltanschauungsrechts, das sich in Deutschland, wie wir noch sehen werden, gerade wieder andeutet.

Die handelnden Eliten in den westlichen Verfassungsstaaten kapitalistischer Prägung hatten nun mit der Wende 1989 eine propagandistisch verführerische Gelegenheit: nämlich alles Gute, Schöne, Gerechte, Humanistische usw. usf. direkt mit der westlichen Ordnung – und damit auch mit sich selbst als ihrer Handlungselite – zu identifizieren. Das humanistische Ideal des Sozialismus war außer Mode und der Meinungsmarkt erschien monopolisierbar.

Mit dem aufgeblähten Selbstbewusstsein, die »Sieger der Geschichte« zu sein, stimmte es gut zusammen, die demagogische Tradition des Kalten Krieges bruchlos, aber diesmal ohne Systemkonkurrenz, fortzusetzen. Die eigene Machtpolitik konnte nun widerspruchsarm noch schamloser in einen moralischen Mantel gehüllt und den entweder frisch konsumerstaunten oder zwar schon konsumroutinierten, aber erst frisch siegestrunkenen westlichen Bürgern verkauft werden.

Die Details der moralisierenden Pseudobegründungen der Interventionen im Irak, in Libyen und anderswo aufzuführen ist hier nicht der Ort; sie sollten mittlerweile politisches Allgemeinwissen sein. Immer wurden hier moralische Gründe angeführt, politisch den Krieg zu beschließen; immer erwiesen sich diese Gründe als ganz oder überwiegend lügenhaft; immer profitierten westliche Industrie- und Militärinteressen massiv von diesen opferreichen und vollkommen rechtswidrigen Angriffskriegen.

Strukturell sind diese »moralischen« Kriegserklärungen im Namen »westlicher Werte« und einer »regelbasierten Ordnung« (die offenbar nach anderen Regeln als nach denen der UN-Charta funktionieren soll, die ja die für alle Mitgliedsstaaten verbindliche »regelbasierte Ordnung« darstellt) mit einem anderen Phänomen verwandt: mit der Rede von *Alternativlosigkeit* und *Systemrelevanz*.

Der geschilderten selbstherrlichen Ideenlosigkeit entspricht das Syndrom, das Vorhandene um jeden Preis zu »retten« und fortzuschreiben, auch wenn seine Defekte offenkundig sind. 2008 hatten wir eine Spekulationskrise von Finanzmarktakteuren, die eine komplexe Vorgeschichte und auch komplexe strukturelle Vorbedingungen hatte.

Sie war die Einladung, ja der Weckruf, um das Finanzsystem in seiner ganzen Komplexität zu betrachten und zu reformieren. Nachdem die US-amerikanische Politik von Anfang an erklärte, das Finanzsystem um jeden Preis zu retten und »systemrelevante« Institute »herauszuhauen« (engl. »Bail-out«), zog auch Deutschland schnell nach. Die Bundeskanzlerin trat im Oktober 2008 anlässlich des Kollapses der deutschen *Hypo Real Estate* vor die Presse und garantierte den Deutschen in einem amtsfremden, symbolischen Akt die Sicherheit ihrer Ersparnisse.

Dabei erwähnte sie noch, dass »diejenigen, die unverantwortliche Geschäfte gemacht haben, zur Verantwortung gezogen werden«.[2] Innerhalb weniger Wochen aber war die Spekulationskrise im Leitdiskurs zu einer »Bankenkrise« mutiert und es ging um die »Stabilisierung des Finanzsystems«, ja seine »Rettung«.

Die Banken, Fonds und Wettbüros (»Investmentbanken«), die sich anfänglich in den USA mit kaum gesicherten Hypothekendarlehen verspekuliert und diese mit hoher krimineller Energie immer weiter gebündelt und als Zertifikate weiterverkauft hatten, waren nicht im Zentrum der Aufmerksamkeit; auch nicht das kaufmännische Versagen der Institute, die hochspekulativ in diese Schrottpapiere investiert und sich und viele ihrer Anleger damit ruiniert hatten.

Aus der mit krimineller Energie erzeugten Spekulationsblase wurde eine Krise des »Finanzsystems«, dessen »systemrelevante« Akteure zu retten »alternativlos« und natürlich im Interesse einer um ihre Ersparnisse bangenden Bevölkerung sei. Das Finanzsystem, das in seiner neoliberal deregulierten Gestalt diese Krise hatte entstehen lassen, hat diesem moralisierenden Rettungs-, Schutz- und Stabilitäts-Narrativ zufolge eine unerschütterliche Bestandsgarantie.

Entscheidend ist aber, dies zu bemerken: Auch unsere Diskussion des schwierigen Themas »Finanzkrise« auf den letzten Seiten hat bisher nur simple, moralisierende Erzählungen referiert, die ungefähr so miteinander ringen, wie zwei Betrunkene sich vor der Kneipe prügeln. Beide erfassen irgendetwas, aber sicher nicht die ganze Realität, die sie in diese Prügelei geführt hat.

Das ist vor dem Hintergrund der hier entwickelten Theorie spalterischen Handelns nicht verwunderlich. Wir sahen bereits, dass in der Wahnwelt von Fundamentalisten, in die Moralisierung und Demagogie unsere Diskussion einsperrt, die Komplexität der Wirklichkeit nicht gewürdigt werden *kann*.

Die simple Gut-oder-Böse-Einordnung moralisierender Polemik hat im Angstklima einer moralindurchseuchten Gesellschaft die Funktion, dem Sprecher die sichere Einordnung in ein schützendes Kollektiv zu bieten. Das wird von den allermeisten Menschen stets als dringlicher empfunden als inhaltliche Differenzierung.

Eine sachgemäße Befassung mit dem Thema »Finanzkrise 2008« müsste mindestens die folgenden Aspekte berücksichtigen, von denen jeder einzelne seinerseits Gegenstand umfangreicher Literatur ist: Marktversagen im Finanzmarkt durch zu wenige zu große Akteure (Stichworte: Oligopole, »too big to fail, too big to rescue«), Informations-Ungleichheiten bzgl. Marktentwicklungen, toxische Finanzprodukte (Stichworte: multiple Verbriefungen, zahllose Varianten von Zertifikaten zur Spekulation auf Preisentwicklungen), Vermögenspreisblasenbildung durch Flutung des Marktes mit billigem Geld durch die Zentralbanken (Stichworte: Nullzinspolitik, Immobilienpreis-Boom), fehlende Unabhängigkeit der Rating-Agenturen und Intransparenz ihrer Kriterien, Mängel und gesetzliche Lücken in der Bilanzaufsicht über Finanzinstitute, extrem ungleiche Einkommens- und Vermögensverteilung, politische Korruption durch »Spenden« der Finanzindustrie, neoliberale ökonomische Theorien, die gesamtgesellschaftliche Kosten wirtschaftlichen Handelns ignorieren und radikales Marktvertrauen propagieren usw.[3]

Diese Aufzählung dient nur dazu, das kranke Muster und die jammervolle inhaltliche Qualität der Großdebatten einer moralindurchseuchten Gesellschaft und Diskurskultur vor Augen zu führen: Dem sich »alternativlos« wähnenden System des westlichen Industriekapitalismus – mit seinen partizipationsarmen Repräsentativsystemen und politisch wie kommerziell korrumpierbaren Medien – sind folgerichtig auch die Alternativen im eigenen Nachdenken abhandengekommen.

Die angstgetriebene, sachferne Diskussionskultur des moralischen Fundamentalismus, die wir am Beispiel der Finanzkrise diskutiert haben, trägt ebenfalls dazu bei, die Gesellschaften des Westens tendenziell dümmer und umso immunschwächer gegen Moralin zu machen.

Deutsche Immunschwäche

Die speziell deutsche Ausprägung dieses Mangels an Abwehrkraft gegen Moralin-Infektion ergibt sich aus der Nachkriegsgeschichte, genauer gesagt aus einem in ihr wurzelnden Paradox unserer politischen Kultur: Moralische Diffamierung und demagogische Aufhetzung spielten im Dritten Reich eine Rolle bei der Etablierung eines totalitären Staates.

Systematisches spalterisches Handeln half den Nationalsozialisten dabei, den Boden zu bereiten für die systematische Stigmatisierung, soziale Ausgrenzung, Verfolgung und schließlich die Ermordung von Millionen Juden und anderen für missliebig oder minderwertig erklärten Menschen in ihrem gesamten Einflussgebiet.

Beim Bemühen um Aufarbeitung des deutschen Menschheitsverbrechens wurde diese Erfahrung ausführlich erforscht, reflektiert und auch künstlerisch bearbeitet. In diesem Zuge wurde eine politische Kultur erschaffen, die eine differenzierte Sprache für die sozialen und politischen Mechanismen enthält, die den Weg in Holocaust und Vernichtungskrieg ebneten. Jedoch ist es sozial faktisch inakzeptabel, das *Wiedererscheinen* dieser Mechanismen im Regierungshandeln oder auf irgendeiner anderen Ebene der Staatsverwaltung festzustellen.[4]

Schließlich sind diese totalitären Tendenzen und Dynamiken gerade das, *wogegen* die deutschen Staaten des Nachkriegs gegründet wurden. Schon die bloße Möglichkeit, dass solche Verhaltensweisen »bei uns« noch eine destruktive Rolle spielen könnten, ist tabuisiert. Das legt die Vermutung nahe, dass keine Gesellschaft in Europa so anfällig für den Rückfall in totalitäre Muster ist wie die deutsche.

Diese These wird auch nach genauerer Erklärung kontrovers bleiben und ich lasse mich hier gern widerlegen. Kann meine Begründung aber überzeugen, oder doch wenigstens nicht einfach von der Hand gewiesen werden, so ist damit ein weiterer Teil der bundesdeutschen Kultur beschrieben, der unser Abgleiten ins undemokratische, autoritarismusaffine Regime des Moralismus nachvollziehbar macht.

Neben der Krisenhäufung, die sich aus historisch hoher Einkommens- und Vermögensungleichheit mit entsprechender Korrumpierung der Politik ergibt, wirken hier in Deutschland meines Erachtens auch tiefwurzelnde historische Tendenzen. Sie können die psychologischen Muster sowie das Tun und Lassen Einzelner stark prägen, ohne als solche ins Bewusstsein vorzudringen.

Das sage ich auch aus langjähriger eigener Erfahrung beim Philosophieren: Erst Mitte 2022, nach 25 Jahren politischen Lebens und Studiums in und um Deutschland, habe ich erstmals einen solchen Gedanken gefasst und ihn in der Wochenzeitung *Der Freitag* unter dem Titel »Hat unser Staat totalitäre Tendenzen?« ausformuliert.[5]

In Deutschland kennen wir den Begriff der »Vergangenheitsbewältigung«, der eine eigene Abhandlung wert wäre. Kann Vergangenheit »bewältigt« werden? Was wäre eine »bewältigte« Vergangenheit? Eine, die einmal und für immer *gültig* interpretiert ist? Eine, von der wir weiter nichts zu lernen haben als das, was wir schon aus ihr gelernt zu haben meinen? Deren Ganz-anders-Interpretation dann *was genau* wäre? Ein *Gedankenverbrechen*?

Diese Fragen lassen wir hier beiseite. Die Gegenwart »bewältigt« geglaubter Vergangenheit jedenfalls besteht nach meiner Beobachtung in der Unfähigkeit, die Wiederkehr von Mustern und Praktiken genau dieser »bewältigt« geglaubten Epochen im offiziellen Handeln des deutschen Staates zu bemerken. In Deutschland herrscht bei vielen Blindheit für die Taktiken autoritärer Politik, wie z. B. Moralisierung und Demagogie, und ein Diskurs-Tabu, diese an der aktuellen Politik zu bemerken.

Es herrscht Blindheit für spalterisches Handeln und Unwissen über diese Blindheit. Das zeigt sich unzweifelhaft daran, dass eine ausgeprägte Solidaritäts- und Zusammenhalts-Rhetorik in Deutschland selbst für die offizielle propagandistische Flankierung gesellschaftlicher Diskriminierung á la 2G/3G herangezogen wurde.

Dem Selbstverständnis der Bundesrepublik und ihrer staatstragenden Schichten zufolge gibt es keine an Faschismus und totalitäre Gesinnung gemahnenden Tendenzen in Deutschland, *weil es sie gar nicht geben kann.* Hat nicht Deutschland durch umfängliche historische Forschung, durch Schulunterricht zum Dritten Reich bis zur Überdrussgrenze, durch ständige TV-Bearbeitungen des Themas und einen ganzen Jahreszyklus von Gedenkveranstaltungen zu unterschiedlichen Aspekten und an unterschiedlichen Orten des Geschehens alles getan, um aufzuklären und »so etwas« künftig zu verhindern?

Was nicht sein darf, was nicht wieder werden darf, wurde eindeutig festgestellt und aufgeschrieben: keine (wie es heute genannt wird) »gruppenbezogene Menschenfeindlichkeit«, keine Volksverhetzung (Demagogie), kurz: nichts mehr, was auch nur in Richtung Autoritarismus und Totalitarismus deutet.

Dieses »Wehret den Anfängen« wurde per Grundgesetz allen Offiziellen und allen Bürgern der Bundesrepublik zur Pflicht gemacht. Der Würdeschutz ist erster und oberster Staatsauftrag, und nach Grundgesetz §20, Abs. 4 muss jeder Bürger sich aktiv Bestrebungen entgegenstellen, die auf die Abschaffung der freiheitlich-demokratischen Grundordnung hinauslaufen, die unsere Würde garantieren soll.

Diese moralisch grundierte Staatsräson macht die kategorische Distanzierung von Unmenschlichkeiten aller Art – unter ständiger Mobilisierung superlativen moralischen Vokabulars – bis heute zum festen Bestandteil des offiziellen Diskurses der Nachkriegsdeutschen. Wir leben in einem »Nie-wieder«-Staat, der sich auch als moralische Anstalt zur Verhütung totalitärer Tendenzen definiert.

Moralische Verfemung von Minderheiten und demagogische Aufhetzung von Bevölkerungsgruppen gegeneinander – Spielarten spalterischen Handelns – sind mit dem Geist des Grundgesetzes *offenkundig* unvereinbar. Ähnliches können wir auch über die ehemalige DDR sagen, die sich als antifaschistischer Einparteienstaat konstituierte.

Psychologisch ist es sehr bemerkenswert und passend, dass Staatsvertreter vom Bundespräsidenten über die Bundes- und Länderminister bis hin zum Landrat nicht zögern, abseits von sich selbst *in der Gesellschaft* »gruppenbezogene Menschenfeindlichkeit« und »Extremismus« v. a. im politisch rechten oder konservativen Lager auszumachen und anzuklagen.

Das stand aber einer oft mit vollster Überzeugung durchgesetzten gruppenbezogenen Menschenfeindlichkeit gegen »Ungeimpfte« nicht im Wege. Als Projektion bezeichnet man in der Psychologie die unbewusste Zuschreibung eigener Affekte und Strebungen an jemand anderen. Dieser Abwehrmechanismus dient der Beruhigung von Angst und der Aufrechterhaltung des Selbstbildes, das mit den Eigenschaften oder dem Verhalten, das man auf andere projiziert, unvereinbar wäre.[6]

Das Wiedererscheinen altbekannter Taktiken intoleranter, gewaltsamer, kompromissloser, sogar den Tod vieler Menschen in Kauf nehmender, sagen wir also: *totalitärer* Politik auf deutschem Boden anzuerkennen, wäre der ultimative sittliche Offenbarungseid für uns Deutsche. Es wäre die moralische Selbstdemontage unseres Gemeinwesens. Das ist eine große psychologische Fallhöhe.

Die Fundamente der Republik könnten dann als hohl und gar als lügenhaft erscheinen, das Hinsehen auf diese Entwicklung und das allerheikelste Besprechen-Müssen dieses Bankrotts unseres Staats- und Sittlichkeitsmythos müssten die Höchststrafe für die Selbstachtung besonders der staatlichen Funktionseliten darstellen.

Deshalb besteht bei uns in Deutschland die Tendenz, lieber nicht konsequent alle offenkundigen historischen Parallelen anzusprechen und zu durchdenken, wenn uns spalterisches Handeln in Form von moralisierender Diffamierung von Minderheiten oder demagogischer Aufhetzung von Bevölkerungsgruppen gegeneinander entgegentritt.[7]

Wir Deutsche leben in einer Schlussstrich-Mentalität, die sich aus unserer gut gemeinten und auch weiten teils verdienstvollen »Vergangenheitsbewältigung« nach der NS-Diktatur ergeben hat. Sie zeigt sich darin, dass wir die Erinnerung an deutsche Verbrechen als etwas Vergangenes nicht enden und die Reflexion des weltweiten Wiedererscheinens einiger Elemente dieser Verbrechen in den Jahren 2020 bis 2023 nicht beginnen lassen mögen. Repressive Politik und das

Aufleben eines kleinlichen, denunziatorischen Verfolgungsgeistes sind eben in Deutschland *nicht* unmöglich geworden.

Auch eine kollektive Furcht vor Selbstbegegnung und Versagen vor dem moralischen Anspruch der Republik hat sich mit dem Regime des Moralismus die ihr gemäße Gesellschaftsform errichtet. Das drückt sich im Moralgefängnis unserer Gesellschaft deutlich in der Markierung von Diskurs-Tabuzonen aus, die in aller Regel im großen Bogen umgangen werden – auch weil sie einem stillen und schamhaften Vermeidungswunsch entgegenkommen.

Die Problematisierung von historischen Vergleichen, etwa aktueller Erfahrungen der Pandemiepolitik mit Praktiken totalitärer Staaten der Vergangenheit und der Gegenwart, gehört zu unserer Schlussstrich-Mentalität. Aber begriffliches Denken beinhaltet *immer* Vergleichung. Man muss schließlich bei jeder Begriffswahl entscheiden, ob ein Phänomen unter diesem oder doch nicht eher unter jenem Konzept am besten verstanden wird. Den offenen Austrag von Meinungsverschiedenheiten über diese Frage nennt man passend das *Schärfen* eines Begriffs.

Die Operation der Vergleichung ist das Nachdenken selbst. Die Reflexion leichtfertig durch Vorwürfe wie »Russland-Propaganda!«, »US-Propaganda!«, »Wissenschafts-Leugnung« oder gar »Relativierung der NS-Zeit!« bzw. »des Holocaust« mit Angst und Nervosität zu belasten, bedeutet, den Bürgern Zonen des Nachdenkverbots auszuschildern. Ich meine, dass wir diesen Zonen dann auch instinktiv nicht ungern fernbleiben; die Gefahr eines falschen Wortes und seiner unabsehbaren Folgen wirkt als Zensurschere im Kopf.

Nachdenkverbote aber sind Verdummungsgebote. Sie führen zur ängstlichen Unterlassung des kritischen Hinterfragens gerade in den Situationen, wo es Entscheidendes zu lernen und neue Katastrophen zu verhüten gilt. Es liegt eine bittere Ironie in der bitteren Geschichte der Deutschen: Unsere politische Kultur verleidet uns das Nachdenken gerade über die Phänomene, die das neuerliche Abstürzen unseres Gemeinwesens in ein destruktives Regime des Moralismus und der Demagogie in großen Neonlettern markieren.

Die Möglichkeit eines totalitären Staates

Im Rahmen der Überlegungen zum »Befürchtungsregiment« der Corona-Jahre kündigte ich an, später noch auf die massenpsychologischen Aspekte eines solchen Geschehens und auf seine Eskalationsmöglichkeiten einzugehen (vgl. oben, S. 32). Nachdem wir dargelegt haben, warum die Deutschen auf dem totalitären Auge zumindest sehschwach, wenn nicht gar blind sind, ist es umso wichtiger zu begreifen, dass wir angesichts der aktuellen Kultursituation des Westens *keineswegs* gegen die Entstehung neuer totalitärer Staaten gewappnet sind.

Grundsätzlich haben psychologische Belastungen der Individuen einer Gesellschaft starken Einfluss darauf, wie sich die Gruppendynamik in ihr gestaltet. Kommt es zum Zusammenspiel individueller Belastungen in der Breite der Gesellschaft mit dramatischen Ereignissen, so können Moralisierung und Demagogie radikal Platz greifen. In diesem Fall ist die Gründung eines totalitären Staates durch eine fanatisierte Bewegung nicht ausgeschlossen, die vorhandene »Checks and Balances« überrennt und im Windschatten demagogischer Einschüchterung die Institutionen mit ihren Anhängern besetzt.

Dann wäre es zu spät: Der Einzelne hätte keine Zuflucht mehr vor den ideologisch motivierten Eingriffen einer allmächtigen Zentralgewalt und Abweichler von der verkündeten Lehre müssten mit brutaler Verfolgung rechnen. Damit es dazu nicht kommen kann, müssen die dorthin führenden Mechanismen verstanden werden – von denen einige während der Corona-Maßnahmenpolitik aufblitzten und von denen alle leider vollkommen mit der ohnehin totalitären Tendenz einer Kultur des Moralismus und der Demagogie harmonieren.

In seinem Buch *Die Psychologie des Totalitarismus* schildert der belgische Psychologe Mattias Desmet die Voraussetzungen und den typischen Verlauf des psychologischen Vorgangs der Massenbildung und warnt: Einmal in Gang geraten könne eine selbstverstärkende Dynamik ihren Lauf nehmen, die sich – wie man im 20. Jahrhundert an Stalinismus und Nationalsozialismus erfahren habe – bis zur Gründung totalitärer Staaten, ja bis zu deren Selbstzerstörung im wahnbeseelten Endkampf gegen eingebildete Feinde fortspinnen könne.

Wir zeichnen hier die Grundzüge seiner Theorie nach, die in weiten Teilen auf Überlegungen Hannah Arendts aus ihrem Klassiker *Elemente und Ursprünge totalitärer Herrschaft* aufbaut. Deswegen beziehen wir dieses Werk ebenfalls in die Diskussion ein, wo es die Betrachtungen Desmets sinnvoll erweitert.[8]

Massenformierung ist der Prozess, in dem eine »sozial zerfallene Bevölkerung wieder zu einer Einheit« (Desmet, S. 116) findet, die von einem neuen Solidaritätsgefühl und einem Hang zu kollektivem Irrationalismus geprägt ist. Den »perfekten Nährboden für die Masse« (ibid.) sieht er in einer Bevölkerung, die stark von Vereinzelung, Sinnarmut, vagem Angstgefühl und latenter Aggression betroffen ist.

Die meisten Gesellschaften des alten Westens erfüllen heute diese Voraussetzungen vollkommen. Desmet wählt treffende Illustrationen: Großbritannien hat einen Einsamkeitsminister ernannt, während allgemein im Westen der Verbrauch von Antidepressiva neue Höchststände erreicht. Bestseller wie *Bullshit Jobs* von David Graeber verarbeiten die aus Gallup-Umfragen bekannte Tatsache, dass mehr als Dreiviertel der Arbeitnehmer gleichgültig oder gar mit Sabotagegeist einer als sinnlos erlebten Tätigkeit nachgehen.

Die »erfolgreich« digitalisierte Kommunikation tut einer gesunden Alltagsgeselligkeit Abbruch. Textnachrichten sind kein Gespräch von Mensch zu Mensch, und in Videokonferenzen sehen wir für Desmet weniger die Teilnehmer als ihre Abwesenheit. Das Vor- und Nachspiel im persönlichen Umgang, die Zugehörigkeit und eine menschliche Atmosphäre stiften, haben wir aus der Kommunikation weitgehend technisch amputiert. Es wird schmerzlich vermisst.

Politische Debatten und der Online-Austausch sind von latenter bis offener Aggression geprägt. Wie auch nicht? Das andauernde »Surfen« (*Wellenreiten*) auf Online-Inhalten, die unsere Vorurteile pflegen und Skandale vornan stellen, kultiviert das Trennende. Starke Polarisierung der Diskussionen und die Beleidigung Andersdenkender können so kaum ausbleiben.

Für Hannah Arendt wäre dieser Befund nicht überraschend, könnte sie ihn heute lesen. In ihrer Theorie zum Ursprung totaler Herrschaft zeigt sie auf, wie Stalinismus und Nationalsozialismus in unterschiedlicher Weise gesellschaftliche Strukturlosigkeit und Atomisierung, Isolation und Bindungsarmut des Einzelnen sowohl ausnutzten als auch gezielt herstellten (vgl. Arendt, 694 f.).

Die Propaganda totalitärer Bewegungen habe die ungeheure psychologische Triebkraft verstanden, die in diesem Massenelend steckt, das sie in ihrem Werk ganz ähnlich für das erste Drittel des 20. Jahrhunderts konstatierte wie Desmet für die heutige Zeit. Darin sei eine Sehnsucht zur Hingabe an ordnungsstiftende Mächte angelegt:

> *Solange die totalitären Bewegungen noch Propaganda brauchen, zehren sie von der Brüchigkeit einer Welt, die ein menschliches Zuhause nicht mehr anzubieten hat und damit einlädt, sich scheinbar ewigen, alles beherrschenden, anonymen Kräften zu überlassen, deren Strom diejenigen, die sich ihm anvertrauen, von selbst in den Hafen neuer Sicherheit tragen wird (Arendt, S. 743).*

Die Philosophie des Liberalismus, die den Staat auf die Rolle des Rechtegaranten konzentriert und das Weitere dem Einzelnen aufträgt, spricht eine solche Einladung zur entlastenden Unterwerfung unter eine strukturschaffende Ideologie aber gerade nicht aus. Der um weltanschauliche Neutralität bemühte Rechtsstaat hat keine bordeigenen Trostmittel für existenziell Entwurzelte anzubieten.

Die Fortschritte von Aufklärung und Naturforschung machen auch keinen Mut: Sie haben uns zusammen mit dem Liberalismus diese wohlversorgte, doch eher unglückliche Lebenswelt geschaffen. Die ultimative Ursache für diesen Kulturzustand sieht Desmet ähnliche wie Arendt in einer Ideologie aus Rationalismus und positivistisch verstandener Naturwissenschaft, die Europa seit der Aufklärung psychologisch mehr und mehr verwüstet, den Einzelnen aus allen sinnhaften Bindungen herausgelöst habe.

Das mechanistische Denken, so führt Desmet höchst bedenkenswert aus, habe die zuvor als Hybris gesehene Überzeugung einer rationalen Kontrolle der Schöpfung im Sinne des Menschen zur positiv beleumundeten Standard-Mentalität gemacht.

Diese Welt- und Menschensicht gebe auf jede auftauchende Ungewissheit dieselbe Antwort: Ausarbeitung (oder einfach mutige Behauptung) einer technischen Lösung zur Beherrschung des Risikos und Anpassung des menschlichen Verhaltens an die so geschaffene neue *Pflicht der Vernunft*. Die westliche Moderne dränge ihrem Wesen nach zur »hyperkontrollierten Gesellschaft« (Desmet, S. 168) und sei der natürliche Entstehungskontext totalitärer Systeme.

Arendt fasst Desmets allgemeinen Kulturbefund politisch konkreter und ergänzt damit einen wesentlichen Aspekt: Sie stellt nämlich die Tatsache heraus, dass die Klassengesellschaft nach dem Ersten Weltkrieg in eine »Massengesellschaft« atomisierter Individuen ohne verlässliche Sozialbindungen übergegangen sei. Dies habe flankiert von Inflation und Massenarbeitslosigkeit die »Beseitigung jeder Gruppensolidarität« begünstigt, die sie als »*conditio sine qua non* totaler Herrschaft« betrachtet (Arendt., S. 643).

Nur dort, wo Vermassung stattgefunden habe, könne totale Herrschaft Fuß fassen, weil nur dort die Infrastruktur rational-interessegeleiteter Politik zuverlässig ausgeschaltet sei:

> *Interessen [können] sich als eine kollektive Kraft nur geltend machen in einer gruppenmäßig geordneten, also nicht vermassten Gesellschaft. […] [S]obald stabile, soziale Gemeinschaften nicht mehr existieren, [verschwinden] mit ihnen auch die Übertragungsbänder, die individuelle Interessen in Gruppen- und Kollektivinteressen transformieren (Arendt, S. 739).*

Atomisierung, Sinnverlust und nervöse Reizbarkeit, nach Desmet Voraussetzung einer Massenformierung, sind in unserer Kultur unleugbar vorhanden. Und diese Grundstimmung trifft sozial auf eine strukturell geschwächte Mechanik rational-interessegeleiteter Politik, die deren mäßigenden Einfluss also nur in geringem Maße geltend machen kann.

Menschen, die in der Ruhelosigkeit eines unerfüllenden Individualismus leben, entwickeln unfehlbar eine Sehnsucht nach Orientierung, nach haltgebender Gemeinschaft und nach einem Ventil für aufgestaute Aggressionen. Arendt sprach für die Nachkriegsjahre des Ersten Weltkriegs von einem endemischen Hass, der quälenderweise aber »niemanden [vorfand], den er verantwortlich machen konnte« und der deshalb »die phantastischsten, unvorhersehbarsten Formen« annehmen konnte (Arendt, S. 561).

Genau in solch einer Situation der diffus erlebten Hemmung und Bedrohung aller Lebenskräfte kann nun die effektvolle mediale Verkündung eines Notstands überraschende und durchschlagende, ja regelrecht *revolutionäre* Wirkung entfalten. Wird der strukturell belasteten Bevölkerung im Wege einer »öffentlichen Suggestion« (Desmet, S. 117) effektvoll mitgeteilt, dass eine allgemeine Bedrohung eingetreten sei, deren Überwindung entschiedenes und v. a. *gemeinschaftliches* Handeln erfordere –, so fühlen sich viele existenziell erleichtert und engagieren sich dankbar voll und ganz in der vorgegebenen Richtung. In Arendts Worten:

> *Die besessene Blindheit, die der Realitätsflucht der Massen in eine in sich stimmige fiktive Welt eigen ist, entspricht ihrer Heimatlosigkeit in einer Welt, in der sie nicht mehr existieren können, weil der anarchische Zufall in Form vernichtender Katastrophen ihrer Herr geworden ist (Arendt, 746).*

Der psychologische Gewinn des Krisenausbruchs, den Desmet unerbittlich ausbuchstabiert, liegt für viele Betroffene gleich auf mehreren Ebenen: Waren sie bisher schmerzlich vereinzelt, sind sie jetzt Teil eines Kollektivs; litten sie unter Sinnarmut, haben sie jetzt ein klares Ziel, das sie mit anderen verbindet; mussten sie bisher »frei flottierende Angst« ertragen, so wird sie jetzt durch offizielle Ansage an ein Objekt gebunden – an *die Terroristen* z. B., an *Russland* oder eben an *Corona*.

Nun beginne eine »von Pathos und Gruppenrhetorik getragene Mission«, erklärt Desmet (S. 131 ff.), die Politiker und Journalisten aus unterschiedlichen Interessenlagen heraus meist antrieben, statt sie zu bremsen. »Solidarität mit dem Kollektiv« werde dann auch von den meisten Zögerlichen im Augenblick der Ungewissheit als wichtigste Pflicht akzeptiert, um nicht Gefahr zu laufen, mit unklaren Konsequenzen aus einer emotionalisierten Gruppe ausgeschlossen zu werden.

Die Maßnahmen zum Umgang mit dem Angstobjekt gewinnen sofort die soziale Funktion eines *Rituals*, d.h. eines »symbolischen Verhaltens, dessen Ziel es ist, das Individuum der Gruppe zu unterwerfen«. Die Maßnahmen befolgen, heißt gefühlt, seine Verlässlichkeit als Kampfgenosse zeigen, bedeutet, in der Gruppe in Sicherheit zu sein und zu bleiben; ja mehr noch: »Je absurder die Maßnahmen und je mehr sie einem abverlangen, desto besser erfüllen sie die Funktion eines Rituals.«

Diejenigen, denen die Notstandserklärung suspekt ist und die deshalb in die sinnstiftende Gefahrenabwehr nicht mit einsteigen wollen, sieht Desmet selbst in Gefahr: Sie geben das unbewusst gesuchte Ziel für lang unterdrückte Aggression ab. Auch das ist – so hart es klingt – Teil des »psychologischen Gewinns«, den eine Gruppe, die der »kollektiven Hypnose« der Massenformierung unterliegt, für sich verbucht und auch unbewusst verteidigen wird. Der von Arendt für die 20er und 30er Jahre des letzten Jahrhunderts konstatierte, quälend objektlose Hass findet sein ersehntes Ziel. Die Machtlosen und Gedemütigten können wieder handeln, indem sie den eindeutig markierten Feind angreifen.

Dissidenten würden bei Massenformierung deshalb schnell als »asozial und unsolidarisch« oder gar »krank« bezeichnet und auch vorsichtig abweichende Anmerkungen zur Sache würden routinemäßig als »völlig unbegründet« zurückgewiesen (Desmet, S. 139f.). Dem liegt eine psychologische Verlustangst zugrunde: »Leugner« und »Verharmloser« der Gefahr und regierungskritische Demonstranten, denen »die Maßnahmen« unsinnig vorkommen, behindern für die fanatisierte Masse nicht nur den großen, sie rauschartig beseelenden Kampf. Die Oppositionellen drohen darüber hinaus, sollten sie sich durchsetzen, die Gelegenheit zur billigen, oft beifallsbegleiteten Aggressionsabfuhr an den »Abweichlern« zu beenden.

Zu dieser psychologischen Analyse passt es bedrückend genau, dass während der Corona-Jahre Demonstranten und Impfunwillige in großen deutschen Medien und von Politikern regelrecht zu Unmenschen erklärt wurden. Michael Stempfle forderte im September 2021, in Quarantäne geschickten Ungeimpften die Lohnfortzahlung, also oft das Auskommen, zu streichen, und erklärte im Dezember 2021 in der *Tagesschau*: »Die Mehrheit der Bevölkerung hat längst begriffen, dass es sich bei den radikalisierten Impfgegnern um Verfassungsfeinde handelt, die den demokratischen Staat ablehnen und für rationale Argumente nicht mehr empfänglich sind.«

Christian Vooren nennt Dissidenten in der *Zeit* »die Außenstehenden« und schreibt ihnen pauschal »Antisemitismus und Rechtsextremismus, allgemeine Wissenschafts- und Verfassungsfeindlichkeit« zu. »Impfen ist Liebe«, sagte die Kirche, was unzweideutig bedeuten sollte, es sei *unchristlich*, sich nicht mit den neuartigen Impfstoffen behandeln zu lassen. Impfunwillige sind »gefährliche Sozialschädlinge«, sagte Rainer Stinner (FDP) auf *Facebook*. Tobias Hans von der CDU erklärte: »Ihr seid jetzt raus aus dem gesellschaftlichen Leben.« Ein faktisches Berufsverbot für Ungeimpfte gilt in der Bundeswehr immer noch.[9]

Die ungefähr 40–60 % der Bevölkerung, die bei einer Massenbildung nach Desmets Überschlagsrechnung mitlaufen, ohne sich zu fanatisieren, werden auch schlimmste Misshandlungen der Dissidenten durch die kollektiv hypnotisierten Fundamentalisten zumeist nicht verhindern: Sie wagen es nach seinem Survey historischer Erfahrungen weit mehrheitlich nicht, sich dem entschiedenen Auftritt der Fundamentalisten entgegenzustellen, und laufen bis zum Ende mit.

Historisch, so lehren uns Desmet und Arendt, hat Massenformierung oft zu »Grausamkeiten gegen jene geführt, die der Masse widerstehen«. Diese würden typischerweise verübt, »als wären sie eine ethische, heilige Pflicht« – denn mit ihren Gräueltaten verteidigt die Masse die von ihr als erlösend erlebte Geschichte vom »solidarischen Kampf« (Desmet, S. 140 f.) gegen eine gemeinsame Bedrohung.

Es muss uns klar sein und im Hinterkopf verbleiben: Wir sind massenpsychologisch *nie* davor gefeit, dass die gerade dargestellte Dynamik die demokratische Zivilisation hinwegfegt. Am Ende könnte auch heute ein angsthypnotisiertes Volk seiner eigenen Knechtung unter einer versimpelnden Ideologie und einem allmächtigen, Rettung und Sicherheit versprechenden Staat energisch zustimmen.

Das Diktat des Guten Menschen

Ein soziales Regime des Moralismus, wie wir es in diesem Buch analysiert haben, ist ein Faktor auf dem Weg zum totalitären Staat und war auch historisch gesehen ein Element jedes einmal etablierten totalitären Staates. Dass dieses Buch erschienen ist, zeigt, dass wir es in Deutschland mit totalitären Tendenzen in Kultur und Politik, aber bisher nicht mit einem ausgebildeten totalitären Staat zu tun haben. Wir sind auf dem Weg und haben einige kulturelle Meilensteine schon passiert, aber noch ist Zeit zur Umkehr oder wenigstens Abkehr von diesem Weg.

Demokratie braucht rechtliche Gleichheit, eine politisch unabhängige Justiz, Gedanken- und Redefreiheit in von der Politik unabhängigen Medien sowie freie, gleiche und geheime Wahlen zur Kontrolle und Ablösung der Mächtigen. Nur so können Korruption, skrupelloses Machtstreben und Verblendung kleingehalten werden zugunsten der freien Entfaltung jedes Bürgers. Nur in einer funktionierenden Demokratie können wir uns in Würde wirksam selbst regieren und ein gewisses Zutrauen in die Garantie unserer Grundrechte haben.

Von diesem demokratischen Minimum her betrachtet haben mir die Einsichten dieses Buchs schon beim Ausformulieren Sorgen bereitet. Jetzt, am vorläufigen Ende der Gedankenarbeit, bin ich überzeugt, dass jeder Demokrat nicht nur die Möglichkeit, sondern die Pflicht hat, an unserer *Befreiung* aus dem Moralgefängnis, aus dem Regime des Moralismus mitzuwirken. »Befreiung«, das ist ein großes Wort, und es scheint den Philosophen zum Agitator mutieren zu lassen; ich wähle es dennoch mit Bedacht.

Noch ist es nicht zu spät, die Einrichtung eines Systems der Unfreiheit im parteiendemokratischen Gewand zu verhindern. Die zunehmenden Anzeichen dieser Spätfolge unserer Moralitis-Epidemie haben wir diskutiert. Aber *noch* können wir die Normalisierung staatlichen Gesinnungskaufes, der Gesinnungsschnüffelei und Gesinnungsbestrafung durch Protest und politisches Umsteuern, durch neue Mehrheiten vielleicht neuer Parteien und durch neue Gesetze vermeiden.

Nun mag jemand einwenden: »Machen Sie mal halblang, mit *Diktatur* haben die Verhältnisse in Deutschland nichts zu tun!« Und ich würde erwidern: »Richtig, mit Diktatur nicht, aber mit Gesinnungsdiktat schon.« Das Gesinnungsdiktat ist kein grobes körperliches Gewaltmittel, um die Menschen zu zwingen, wie wir sie von Diktaturen kennen; es operiert psychologisch.

Wir haben zuvor genau erkundet, wie das von uns (mit)betriebene Regime des Moralismus aus der ihm eigenen Dynamik – sozusagen *organisch* oder *sachlogisch* – auf Gesinnungsdiktat und Zensur hindrängt. Deren erste kulturelle wie juristische Institutionen sind mittlerweile nicht mehr zu übersehen.

Erinnern wir uns an die typischen Verhaltensmuster im Regime des Moralismus: Abkanzeln, Kontaktverschulden, Umstrittenmachen usw.; bedenken wir noch einmal Institutionen wie die teils aus Steuern und Rundfunkgebühren finanzierten »Faktenchecker«, die zuverlässig *nur* Autoren und Texte angreifen, die Regierungsverlautbarungen und dem Tenor der im Westen gängigen Nachrichtenagenturen allzu stark widersprechen und eine gewisse Reichweite erlangen; vergessen wir nicht die schon eingeführte staatliche Verfolgung vermuteter Gesinnungen (wie bei »Hassrede«-Gesetzen und bei einer »Meldestelle Antifeminismus«)[10]; verdrängen wir nicht offen antidemokratische institutionelle Praktiken wie die staatliche Bezahlung von Journalisten und Bürgerinitiativen für Regierungstreue.[11]

Zu erwähnen ist hier auch noch der bedrohliche internationale Horizont, in dem diese deutschen Entwicklungen stehen: Die UNO veröffentlichte jüngst ein »policy briefing«, in dem sie ihre Mitgliedsstaaten offen zur Errichtung von Zensur-Infrastrukturen aufruft. Selbstverständlich geschieht das nur, um das Gute, Rechte, Schöne – diesmal in Gestalt der »sustainable development goals« der UN – »durch den Kampf gegen Desinformation« zu verteidigen.

Das Dokument ruft wortwörtlich zu einem »empirisch abgestützten Konsens zu Fakten, Wissenschaft und Wissen« auf; ein logisch unsinniger Appell, denn Fakten entstehen ebenso wie »Wissenschaft und Wissen« nur in einem Diskurs, der gerade einen solchen Konsens, wo er zeitweise bestehen mag, ständig produktiv untergräbt.

Betont der UN-Generalsekretär später im selben Papier, »Hass und Fehlinformation« könnten zu »Gewalt und Tod« führen und müssten deshalb entschieden bekämpft werden, so ist zu entgegnen: Zensurregime kennzeichnen autokratische Regierungen, die in der Menschheitsgeschichte die schlimmsten Exzesse von »Gewalt und Tod« angerichtet haben. Es ist hingegen nicht überliefert, dass eine demokratisch regierte Gesellschaft mit freier Meinungsäußerung und Informationsvielfalt in modernen Zeiten über sich selbst oder andere Krieg und Vernichtung verhängt hätte.

Die internetbasierten Plattformen und Medien, die laut UN durch die Verbreitung von »Fehlinformation etablierte wissenschaftliche Fakten untergraben« können, sind dieselben Medien, die bei echter Meinungs- und Informationsvielfalt (als *ohne* Zensur) dahin wirken können, unbegründeten Aberglauben zu widerlegen und friedlichen Interessenausgleich in der Welt wissensbasiert zu ermöglichen. Die Zensuragenda der UN läuft darauf hinaus, ein Wahrheitsministerium einzuführen, das zentral den Informations- und Meinungsraum reguliert.[12]

Dem entspricht inhaltlich genau die Zensurpolitik auf europäischer Ebene, wo in umständlicher Sprache, aber demselben Geist der planvollen Gedankenkorrektur Zensur auf allen Internet-Plattformen und -Kanälen zum Kampf für das Gute für notwendig erklärt wird. Seit August 2023 haben der »Digital Services Act« und der »Digital Markets Act« volle Gesetzeskraft.

Damit werden Plattformunternehmen zu all den Praktiken, die das Regime des Moralismus kennzeichnen, verpflichtet: Meinungsäußerungen und Informationsangebote müssen auf Hinweis »vertrauensvoller Hinweisgeber«, deren Vertrauenswürdigkeit selbstredend von der EU-Kommission festgestellt wird, geprüft und entfernt werden.

Dabei sollen »Faktenchecker« oder gleichartige Dienstleister genutzt werden, wo ein Unternehmen selbst nicht die nötigen Zensurkapazitäten zur Verfügung hat. Sie wissen schon, wer darüber entscheidet, welche Agenturen »vertrauenswürdig« gelten werden. In vage bestimmten Zeiten »sozialer Unruhen« oder bei »Gefährdungen« kann die EU-Kommission sogar ganze Internetplattformen temporär abschalten, wenn ihrer Ansicht nach dort nicht genug zur Zensur unliebsamer Inhalte getan wird.[13]

Als dieses Buch erscheint, schickt sich die WHO an, im Windschatten eines fatalen Desinteresses der Mehrheitsbevölkerung vieler Länder durch den neuen »Pandemievertrag« und stark veränderte internationale Gesundheitsvorschriften zu einer weltweiten Zentralbehörde für Gesundheitsfragen zu werden.

Den vorliegenden Vertragsentwürfen zufolge will sie künftig allein festlegen, was ein gesundheitlicher Notstand – genauer gesagt: ein Public Health Emergency of International Concern *(PHEIC)* – ist, was die Menschen in allen Unterzeichnerstaaten zu tun haben, um auf die Gefahr zu reagieren und was als Desinformation über diesen Notstand und über die angeordneten Maßnahmen zu gelten hat.[14]

All diese Erscheinungen zeigen uns Elemente einer illiberalen Ordnung der Zensur und des Gesinnungs-Diktats. Der Geist der Bürger soll nicht einfach alles Mögliche denken können, sondern sich mit einem staatlich »moderierten« Marktplatz der Ideen mit ideologisch vorsortiertem Standardangebot begnügen.

Die Bürger werden zuallermeist nicht mit Polizeigewalt, sondern im Wege der Einschränkung ihres Informationszugangs und damit durch Verstümmelung ihrer Meinungsbildung von jedweder Opposition gegen die finanziell und medial dominante politische Agenda abgehalten.

Eine illiberale Ordnung – das ist mir wichtig zu betonen – muss *nicht* unbedingt auf dem Wunschzettel von »bösen« oder »niederträchtigen« Politikern stehen, um sich schrittweise zu realisieren. Sie kann sich auch schleichend aus den von vielen gar nicht oder nur halb verstandenen Tendenzen der politischen Kultur ergeben, die sie mit anderen gemeinsam unterhalten.

Die Praxis und damit die Wertschätzung echter Pluralität sind im »siegreichen« Westen nach der Wende 1989 verlernt worden. Die

Selbstherrlichkeit des »alternativlosen«, natürlich nun zu »globalisierenden« Kapitalismus, gepaart mit dem speziell deutschen Paradox, dass wir durch Tabuisierung einer Wiederkehr des Totalitären diese nur sehr spät oder auch gar nicht bemerken, macht uns für Moralisierung und Demagogie besonders anfällig.

»Nichts auf der Welt ist so mächtig wie eine Idee, deren Zeit gekommen ist« (Victor Hugo); und zu unserem Unglück ist die Zeit traurig reif geworden für die geschlossene Gesellschaft des neuen *Guten Menschen*. Dieser neue Gute Mensch will – nun ja, er will eben nichts als *das Gute*, das er wie alle seine historischen Vorgänger in Ost und West und Nord und Süd meint, allgemeingültig erkannt zu haben. Und er versteht Politik nicht mehr als Aushandlung von Interessen bei legitimer Pluralität der Sichtweisen, sondern schlicht als die Durchsetzung der Wahrheit.

Aber was genau ist nun dieses Gute, das er will? Spekulieren wir etwas; eine exakte Wissenschaft ist die *Gutologie* nicht. Zum Beispiel will der neue Gute Mensch sicherlich den Klimaschutz; die Demokratisierung der ganzen Welt; ein politisches Spektrum ohne rechte Seite; eine Sprache, deren Grammatik, Syntax und Semantik nach Maßgabe des Guten von den Guten für die Guten formatiert worden ist und nun *allen* (denn es sind ja vielleicht noch nicht *alle* ganz gut geworden) beigebracht wird.

Er will einen Kulturbetrieb, in dem Auftritte wie meine Teenagerkonzerte – wo ich als *weißer* Mann ohne Geldsorgen den Blues Schwarzer spielte und sogar sang, obwohl ich Weißer ja weiß und diese Schwarzen ja schwarz sind und ich keine, die meisten schwarzen Blues-Sänger aber vielleicht sehr wohl Geldsorgen hatten, wobei ich mich auch noch mühte, junge Frauen, die ich *ungefragt* als »Frau« identifizierte, zu beeindrucken – also wo diese meine Teenagerkonzerte als »neokoloniale kulturelle Aneignung« und (so ein in Berlin häufiger Aufkleber) »sexistische Kackscheiße« verboten sind.

Der neue Gute Mensch will eine Gesellschaft, in der differenzierte Diskussionen z. B. eines Kriegsgeschehens oder einer Epidemie unter Androhung strafrechtlicher Verfolgung wegen Volksverhetzung stehen, sobald die offizielle Leitgeschichte der Koalition der Guten hinterfragt oder gar als Lüge bezeichnet wird.

Das ermöglicht faktisch die jüngste Verschärfung von §130 des Strafgesetzbuchs zu Volksverhetzung, die mit unterbestimmten Formulierungen – wie »... in einer Weise billigt, leugnet oder gröblich verharmlost, die geeignet ist ...« – arbeitet und so eine willkürliche, politisch parteiliche Auslegung in konkreten Fällen ermöglicht und zu ihr geradezu einlädt.[15]

Der neue Gute Mensch will die Zensur des öffentlichen Meinungsraums nach Maßgabe des staatspolitisch festgelegten Guten und Rechten – je nach Bedarf in Zusammenarbeit mit privat finanzierten »UN-Organisationen« wie der weitgehend von Privatakteuren mit Wirtschaftsinteressen finanzierten WHO, mit ungewählten Supranationalen wie im Fall der EU-Kommission oder imperialen Finanzinstitutionen wie Weltbank und Weltwährungsfonds.

Und er will die propagandistisch gekonnte Verbreitung des staatlich festgesetzten Guten und Rechten durch Frisieren privat betriebener Plattform-Algorithmen und die selektive Bezahlung von Journalisten durch den Geheimdienst (wie in Bundestagsdrucksache 20/5822 eingeräumt), damit allzu populäre Abweichler vom Guten zuverlässig publizistisch diffamiert und diskreditiert werden können ...

Brechen wir die Liste dieser gar nicht humanistischen Vision hier ab. Sie bleibt streckenweise Mutmaßung, und es kommt auf ihre Details nicht an.

Und allen, die sich sehr über die hier gewählten Beispiele für mögliche Ziele des *Guten Menschen* freuen, weil sie zu erkennen meinen: »Das bin nicht ich, das sind diese *woken Linksliberalen*!«, sei gesagt: Ist die zuvor entwickelte Analyse des Regimes des Moralismus richtig, dann werden sich wahrscheinlich viele Gegner der oben karikierten politischen Agenda nicht anders verhalten als die aktuell federführenden Politiker – nur, dass sie sich ein anderes Gutes als absolute Wahrheit auf die Fahne schreiben.

Und nun marschieren sie eben für diese (und nicht jene) Sache in den moralischen Endkampf, statt Politik zu machen, d. h. den Interessenausgleich unter Gleichen zu suchen. Nach Art desselben wahnhaften Fundamentalismus könnten auch Konservative ihre Positionen verfechten, diese dogmatisch absolut setzen – und sie wären dabei denselben totalitären Versuchungen zur Kontrolle des Meinungsraums und der Bürger selbst ausgesetzt wie der aktuelle linksliberale Mainstream.

Spielen auch die Opponenten der Leitagenda des neuen Guten Menschen im Regime des Moralismus mit und halten sich an dessen zerstörerische Spielregeln, vielleicht ohne sie zu durchschauen, dann schwächt das ihre Wirkung und Erfolgsaussichten. Das Establishment hat im Diffamierungskampf die größeren Lautsprecher, das Militär, die Polizei, die übergroße Mehrheit der Lehrerschaft und der Professoren, staatsabhängig finanzierte Kirchen und siebzehn politisch gesteuerte Inlandsgeheimdienste auf seiner Seite, um diejenigen zu kujonieren, die es für seine Gegner hält.[16]

Das faktische Ende unseres demokratischen Lebens ist nicht Folge davon, dass die einen politischen Akteure »gut« und die anderen »böse« sind. Es ergibt sich vielmehr aus der radikalisierenden und verdummenden Dynamik, mit der eine gewohnheitsmäßige Verwechslung von Gemeinwohlfragen und moralischen Gewissensfragen unsere Kommunikation ansteckt – und deren Auswirkungen wir von allen Seiten beleuchtet haben.

Politiker, staatliche Stellen und moralredigierende »Journalisten« spielen nur eine besonders einflussreiche, nicht aber eine prinzipiell *andere* Rolle im Regime des Moralismus als jeder andere Bürger. Es gibt im Spiel von Moralisierung und Demagogie keine unschuldigen Gewinner; es gibt nur unterschiedlich mitschuldige Verlierer. Spaltung lebt vom Mitmachen. Aber wir können die Mitarbeit aufkündigen und uns stattdessen wie aufgeklärte Bürger einer Demokratie verhalten. »Nur wer das Spiel aufgibt, gewinnt« (Chamfort).

Befreiung: Den Respekt wiederfinden

Was haben wir also zu tun, um dieser defekten Diskussionskultur die Gefolgschaft zu kündigen und so auch den herrschenden totalitären

Tendenzen entgegenzuwirken? Wie können wir wieder dazu kommen, offen miteinander zu streiten und danach freundlich auseinanderzugehen Wie können wir wieder zu gelebter, nicht bloß in Sonntagsreden behaupteter Demokratie kommen? Das ist *nicht* ganz einfach, doch machbar: Wir müssen den Respekt wiederfinden.

Das Regime des Moralismus ist *deshalb* psychologisch qualvoll und politisch verheerend, weil es uns Bürgern den gegenseitigen Respekt abgewöhnt. Das aber bedeutet das Ende der Republik, der gemeinsamen Regelung unserer öffentlichen Angelegenheiten in Freiheit. Warum ist das so?

Erinnern wir uns: Nicht der offen erklärten Absicht, aber der Logik der Sache nach laufen Moralisierung und Demagogie *immer* darauf hinaus, die Diktatur des eigenen Willens durchsetzen zu wollen. Denn wer sollte als kontroverser Diskutant übrigbleiben, wenn diejenigen, die abweichende politische Urteile zu denselben Fragen fällen, durch moralische Verdammung aus der Debattenarena ausgewiesen werden?

Durch Moralisierung und Demagogie verkehrte sich zuletzt die Pandemie-Politik zu einer Kampagne der »Guten« gegen die »Bösen«, oder die Uninformierten, Uneinsichtigen und Unbelehrbaren.[17] Dieses Verständnis bestand zwischen Konformen und Protestierenden wechselseitig, in beiden Richtungen. In der gerade aktuellen Großkrise, dem Krieg zwischen Russland und der NATO-gestützten Ukraine, ist die Debatte *exakt gleich* strukturiert, weil die zugrundeliegende Kultur dieselbe ist: das Regime des Moralismus.

Mit dem Regime des Moralismus fallen wir sittlich betrachtet vor die Neuzeit zurück, als Politik noch die Verwirklichung der Glaubenswahrheit auf Erden war – und als ein Kompromiss mit »Ketzern« als Verrat an Gott erscheinen musste, der nur die Verdammnis der eigenen Seele nach sich ziehen konnte. Diese brutale Dynamik ist bei den kontroversen Themen unserer Zeit jetzt wieder vorhanden.

Die »Rechtgläubigen« stoßen die »Leugner« ihres Glaubens durch moralisierende Verurteilung und demagogische Anschwärzung in der Öffentlichkeit aus dem Kreis der legitimen Diskutanten. Demagogen integrieren so ganze Bevölkerungsgruppen zu gegnerischen Fraktionen und treiben sie in Konflikt und Entfremdung.

Die Gemeinschaft derer aber, die sich rechtmäßig zu öffentlichen Problemen äußern und über sie mitentscheiden dürfen, *ist* die Republik. Jemanden aus dieser Gemeinschaft ausweisen bedeutet nichts weniger, als ihm und seinesgleichen das geteilte Gemeinwesen (die Republik) *aufzukündigen*. Die so Ausgestoßenen werden von Bürgern, die mit den anderen die Politik gestalten, zu Aussätzigen gemacht.

Ihr Leben wird nun mitsprachelos nicht von »der Politik«, sondern von den Beschlüssen dominiert, die von den »Guten« und ihrer Gefolgschaft für »moralisch geboten« erklärt und ihnen einfach übergestülpt werden. In den moralisierten Großdebatten der letzten Jahre haben sich mal die einen, mal die anderen Bürger in dieser Rolle wiedergefunden.

Irritiert fühlten sich besonders Menschen, die sich selbst als gemäßigt und bürgerlich betrachten, und die sich nun schnell als »rechts« oder »extremistisch« gebrandmarkt sahen, wenn sie in einer Sachfrage von der meistveröffentlichten Meinung abwichen. Deswegen beginnen heute so viele Gespräche mit Floskeln wie »Ich bin nicht rechts, aber …«, »Mit der AfD habe ich nichts am Hut, aber …«, »Ich bin auch für Klimaschutz, aber …«.

Im Regime des Moralismus versagen wir einander den Respekt – die gegenseitige Berücksichtigung, die Rücksicht. Wir sprechen durch Moralisierung und Demagogie dem Andersmeinenden das Daseinsrecht im öffentlichen Raum ab, indem wir uns zurechtlegen, warum wir »mit solchen Leuten, die sowas sagen und tun«, *nichts zu tun* haben.

Der Verlust des Respekts in diesem elementaren Sinne ist tief verrohend für eine Gesellschaft. Statt als Mitbürger behandeln wir einander als Feinde, wenigstens themenbezogen und immer mal wieder, in wechselnden Fraktionsbildungen. Man kann nun einwenden: »Was, wenn ich aber nun mal keinen Respekt für jemanden aufbringen *kann*? Was, wenn ich seine Ansichten oder Handlungen *verachte*? Was, wenn ich ihn einfach nicht leiden mag?«

Diese Fragen sind verständlich. Sie ergeben sich aus zwei miteinander verknüpften Fehlannahmen: Erstens wird angekommen, dass der Respekterweis etwas mit Sympathie zu tun habe. Und zweitens glaubt man, dass die eigenen Vorlieben und Abneigungen *deshalb* auch relevant für die Gewährung oder Vorenthaltung von Respekt seien. Beides ist falsch.

Respekt ist *nicht* Sympathie (die wir mal spüren und mal eben nicht); er ist von Zu- oder Abneigung unabhängig. Respekt ist auch nicht das richtige Erfassen irgendwelcher vorteilhafter Eigenschaften des anderen, die ihn achtenswert, *respektabel*, machen. Welche Ansichten jemand hat und wie er handelt, ist für die Frage, ob wir ihn respektieren können, nicht von Bedeutung, solange er in Wort und Tat keine Verbrechen verübt.

Jemanden respektieren bedeutet, ihn berücksichtigen, und in diesem schönen Verb liegt schon beschlossen, dass es dazu einen definierten Umkreis braucht: Man respektiert jemanden *als etwas*, in einer bestimmten Rolle oder Funktion und auch in einem irgendwie geistig oder sozial umgrenzten Gebiet: »Ich respektiere dich als Journalisten«, d. h. auf dem Feld des Journalismus, oder »Ich respektiere dich als Mitbürger«, also im gemeinsamen Staat und in seiner Gesellschaft.

Respekt zu gewähren, ist eine Entscheidung. Und in einem demokratisch verfassten Staat wird jeder, der diese Staatsordnung stützt, jeden anderen *als Mitbürger* respektieren. Das bedeutet, ihn in gleicher Weise zu berücksichtigen – als einen rechtsgleichen, von den Gesetzen gleich verpflichteten und in seiner Würde unantastbaren Mitmenschen. Respekt ist die Würdigung der Tatsache, dass der andere dasselbe Recht wie ich hat, die Politik mitzugestalten. Menschen, die einander als Bürger respektieren, versichern einander damit: »Wir haben etwas gemeinsam, wir haben etwas miteinander zu tun.«

Respekt zu gewähren, ist eine moralische Aufgabe, die ich an niemand anderen abgeben und in die mir niemand ungebeten hineinpfuschen kann. Sie ist Sache meiner demokratischen Grundüberzeugung, dass ich und der andere *als Mensch und als Bürger* tatsächlich beide in den Rang der Gleichheit erhoben sind. Ist das meine Gesinnung, bin ich also Demokrat, dann ist mir die Gewährung gleichen Respekts eine Herzensangelegenheit und muss nicht »befohlen« werden.

Treten wir einen Schritt von dieser Begriffsbestimmung zurück, so können wir sehen, dass Respekt das logische *Gegenprinzip* – man könnte sagen: das Gegengift – von *Moralisierung* ist: Wer seine Mitbürger respektiert, der würdigt sie als gleichberechtigt mit sich selbst zur Teilnahme an Diskussion und Entscheidungsfindung.

Und wer diese Grundhaltung hat, der kommt gar nicht auf den Gedanken, den Fokus von den diskutierten Sachverhalten bewusst abzulenken und ihn auf die mutmaßlichen persönlichen Eigenschaften des Gesprächspartners zu verlagern, wie es beim Moralisieren geschieht. Wer seine Mitbürger respektiert, hat auch überhaupt kein Interesse daran, sie anzuklagen und Verständigungsbemühung durch Gesinnungspöbelei zu ersetzen.

Der Grundsatz gleichen Respekts für alle Bürger markiert den moralischen Standpunkt des Grundgesetzes, das ein moralisches Dokument mit juristischer Funktion ist. Sein erster Artikel behauptet die gleiche Würde alle Menschen, was ein unerweisliches metaphysisches Postulat, eine theoretische Festlegung ist, an die der Grundgesetzgeber erklärt glauben zu *wollen*.

Die dann folgenden Grundrechtsartikel formulieren aus, was garantiert sein muss, damit die Würde des Einzelnen nicht nur auf dem Papier, sondern im gesellschaftlichen Alltag gewahrt ist. Es lohnt sich, sie einmal nachzulesen; dabei wird unmittelbar deutlich, dass eine von Moralisierung und Demagogie gekennzeichnete Kultur nicht mit der freiheitlich-demokratischen Grundordnung vereinbar sind.

Gleichen Respekt zu gewähren, ist die moralische Pflicht eines jeden, der mit dem Grundgesetz an die gleiche Würde aller Menschen glaubt und danach handeln *will*. Diese Pflicht ist unabhängig davon, ob in der Gesellschaft insgesamt Gerechtigkeit herrscht. Deshalb sollten wir die unparteiliche Aufarbeitung der extremen Politik der letzten Jahre und etwaiger Korruption politischer Institutionen durch Wirtschaftsakteure zwar einfordern und auf sie hinarbeiten – wir sollten aber nicht auf sie warten, als könnten wir vor ihrem Eintreffen nichts tun, oder gar ihr Ausbleiben als Entschuldigung unserer Untätigkeit gebrauchen.

Gerechtigkeit im Sinne von Verfassung und Gesetzen für die Täter und Opfer politischer Irrläufe und staatsverbundener Verbrechen ist *keine* Voraussetzung dafür, selbst moralisch das Gebotene zu tun: Das fatale Regime des Moralismus, soweit es an uns selbst liegt, zu beenden. An uns liegt es, konsequent gleichen Respekt für alle Bürger einzufordern, ihn selbst zu gewähren und dort zu widersprechen und zuwiderzuhandeln, wo wir ihn verletzt sehen.

Ist das unser oberster Grundsatz, dann können wir keine sozialzerstörerische Moralisierung und Demagogie mehr dulden, nicht bei anderen und nicht bei uns selbst. Spalterisches Handeln geben wir dann auf. Und wir helfen mit unserem Beispiel auch anderen, die Infektion ihrer Kommunikationswege mit dem Virus der Moralisierung zu bemerken und so den ersten Schritt zur Heilung zu tun.

Dem Regime des Moralismus müssen die Gefolgsleute abhandenkommen, dann zieht es sich schrittweise zurück – ganz so, wie es sich bei uns aufgebaut und gefährlich festgesetzt hat. Seine Vorturner werden sich beim Auslaufen der Moralitis-Epidemie immer lächerlicher ausnehmen mit ihren kindlichen Ausfällen *ad personam*, die ihre argumentative Blöße bedecken und ihren Machtanspruch durchpauken sollen.

Je mehr gegen Moralin immunisierte Mitbürger solche diskursiven Gewalttätigkeiten zurückweisen, je schneller schwindet der zerstörerische Einfluss von Moralisierung und Demagogie auf unsere Umgangsformen dahin. Etwas Besseres kann unserer moralitisgeschädigten Demokratie nicht passieren; etwas anderes darf ihr nicht passieren.

Anmerkungen

Einleitung

1. Den Ausdruck »Moralitis« und auch die Rede von einem »Kulturvirus« haben Robert Oulds und Niall McCrae in ihrem Buch »Moralitis – A Cultural Virus« (London 2020) geprägt. Sie definieren und verwenden beide Ausdrücke jedoch anders, als ich es in diesem Buch tun werde.

1 Gemeinsam durch die Angst

1. Alle in der Folge zitierten Internetlinks wurden zuletzt im Dezember 2023 abgerufen. Die ersten längeren Interviews, in denen ich im April 2022 Gedanken zum Thema dieses Buchs entwickelt habe, waren »Brückenbauprogramm« (mit Robert Cibis von *OvalMedia*; abrufbar unter: https://www.oval.media/narrative-91-michael-andrick/) und ein »Vis-à-vis«-Gespräch mit Gerd Dehnel im *Inforadio des RBB* (verfügbar auf https://www.derandrick.de).
2. Allensbach fand im Dezember 2015 für die *FAZ* heraus, dass die Deutschen mehrheitlich meinten, von den Medien nicht realitätsnah über das Flüchtlingsproblem informiert zu werden (https://www.faz.net/aktuell/politik/fluechtlingskrise/allensbach-umfrage-zu-medienberichterstattung-in-fluechtlingskrise-13967959.html). Eine Auswertung von mehr als 30 000 Medienberichten der großen Zeitungen und Portale von Februar 2015 bis März 2016 durch die Otto Brenner Stiftung belegt, dass die »Willkommenskultur« ganz im Sinne der leitenden Politiker als »Verpflichtungsnorm« propagiert und ablehnenden Stimmen fast überhaupt kein Raum gegeben wurde (siehe die Berichterstattung des *Cicero* unter https://www.cicero.de/kultur/medien-und-fluechtlinge-die-erfindung-der-willkommenskultur). Der Soziologe Christoph Deutschmann fasst in einem Meinungsbeitrag für die Böckler-Stiftung von Anfang 2016 hilfreich zusammen: »Unter der Ägide der Bundeskanzlerin wurde von Parteien, Medien, Kirchen, Verbänden eine ›Willkommenskultur‹ verkündet. Alle, die nur leise Zweifel äußerten, wurden in die Ecke des Rechtspopulismus gestellt. Eine Welle migrationspolitischer Euphorie erfasste das Land« (https://www.boeckler.de/de/magazin-mitbestimmung-2744-einfallstor-fuer-rechts-6260.htm).

3. https://www.deutschlandfunk.de/rhetorik-in-der-fluechtlingsdebatte-gegenseitiges-100.html.
4. In »Der Wirkungsbereich des Grundrechts auf Meinungsfreiheit«, *Neue Juristische Wochenschrift* (*NJW*) 2023, S. 1922 ff.
5. Bericht des Ostbeauftragten der Bundesregierung 2022, S. 92 f.; https://www.bundesregierung.de/resource/blob/975226/2129976/a46248516070667fe44a7fb22719bfdc/bericht-des-ostbeauftragten-data.pdf?download=1; Thomas Petersen, *FAZ* Nr. 136, 16.06.2021: »Die Mehrheit fühlt sich gegängelt«; Allensbach-Dokumentation S. 22, https://www.ifd-allensbach.de/fileadmin/kurzberichte_dokumentationen/FAZ_Juni2021_Meinungsfreiheit.pdf.
6. Marco Buschmann, »Wir müssen unsere Debattenkultur schützen«: https://www.bmj.de/SharedDocs/Interviews/DE/2023/0101_WamS_Gastbeitrag.html.
7. Mein Entsetzen über eine Entwicklung in Richtung offen zutage liegender Korruption und mangelnder Kontrolle der Politik durch die dafür vorgesehenen Instanzen habe ich im November 2022 in dem Kommentar »War dies möglich, so ist alles möglich« in der *Berliner Zeitung* ausgedrückt (https://www.berliner-zeitung.de/politik-gesellschaft/war-dies-moeglich-so-ist-alles-moeglich-li.286811). Aufgrund der intensiven Leser-Reaktionen auf diesen Text rief die *Berliner Zeitung* offiziell eine Corona-Debatte aus, in der sich neben Politikern wie Wolfgang Kubicki auch zahlreiche Juristen, Künstler und Naturwissenschaftler zu unterschiedlichen Aspekten der Corona-Jahre äußerten. Im April 2023 habe ich meine Bedenken näher ausformuliert und von einer »Oligarchischen Einheitspartei Deutschlands« geschrieben und gesprochen, die aus den Unionsparteien, SPD, FDP und Grünen besteht und die faktisch das öffentliche Leben und seine Institutionen unter ihre ideologische Kontrolle gestellt hat. Die genannten Texte sind auf meiner Autorenwebsite www.derandrick.de abrufbar, ein Interview mit der *Epoch Times* unter https://www.epochtimes.de/etplus/dr-andrick-einheitspartei-oligarchien-solidaritaetsrausch-und-meinungsfreiheit-in-krisenzeiten-analysiert-a4382352.html?utm_source=influencer&utm_medium=all&utm_campaign=kcirdnaleahcim#kommentare. Die verwaltungswissenschaftliche Sicht auf dieses Problem mit genauesten juristischen Nachweisen der Tatsache, dass wir faktisch in einem Parteienkartellstaat leben, findet sich bereits bei Hans Herbert von Arnim: *Die Hebel der Macht und wer sie bedient. Parteienherrschaft statt Volkssouveränität*, München 2017. Richard von Weizsäcker hat bereits Anfang der 1990er Jahre festgestellt: »Die Parteien haben sich den Staat zur Beute gemacht!« Eine aufschlussreiche Einordnung dieser Äußerung bietet er im Interview mit *Bayrischer Rundfunk Alpha* im Jahre 2003 (www.ardmediathek.de/video/alpha-forum/alt-praesident-weizsaecker-im-gespraech/ard-alpha/Y3JpZDovL2JyLmRlL3ZpZGVvL2M3YzE4YTU2LTEzZTgtNGFhNC04NWM1LTgxNTkxNGU5YTFlMg).
8. Das hier verwendete Stress-Verständnis ist konventionell, vgl. etwa https://de.wikipedia.org/wiki/Stress.

9. Vgl. Seymour Epstein, Integration of the cognitive and the psychodynamic unconscious. American Psychologist, 49, 709–724 und K Grawe, *Neuropsychotherapy: How the neurosciences inform effective psychotherapy.* New York 2007.
10. Die Deutsche Angestellten Krankenkasse (DAK) berichtet dies aufgrund von Analysen ihrer 2,4 Millionen Beschäftigten sehr unterschiedlicher Branchen (https://de.statista.com/infografik/18813/krankschreibungen-wegen-psychischer-erkrankungen-in-deutschland/). Die Deutsche Gesellschaft für Psychiatrie und Psychotherapie, Psychosomatik und Nervenheilkunde e. V. gibt in ihren »Basisdaten Psychische Erkrankungen« einen Überblick über die aktuelle Lage: Rund 17,8 Millionen Deutsche seien aktuell jährlich von psychischen Erkrankungen betroffen, aber nur knapp ein Fünftel dieser Menschen suche professionelle Hilfe (https://www.dgppn.de/_Resources/Persistent/93a818859031c45661aa7f6d298d6fecc6de45e9/20230104_Factsheet_Kennzahlen.pdf). Die Literatur zu direkten psychischen Negativfolgen der Corona-Politik ist so umfangreich und weiter anwachsend, dass ich auf konkrete Verweise verzichte.
11. Für den Fall der Corona-Politik hat Gunter Frank in seinem Buch *Das Staatsverbrechen* (Berlin 2023) ausführlich dargelegt, dass zahlreiche Aspekte der herrschenden Politik 2020 bis 2023 nach strafrechtlicher Aufarbeitung verlangen. Es kann ebenfalls kein Zweifel daran bestehen, dass die weltweit eigenartig koordiniert und gleichförmig ausfallenden Reaktionen der Regierungen auf die Ausrufung des Virus-Notstands langfristig vorausgeplant und über Jahre hinweg mehrfach regelrecht einstudiert worden sind. Vgl. dazu Paul Schreyers Recherchen in *Chronik einer angekündigten Krise*, Frankfurt a. M. 2020.
12. Baruch Spinoza, *Tractatus Politicus*, §4, meine freie Übersetzung; diverse Ausgaben.
13. Belege auszuwählen, fällt schwer aufgrund der Fülle der Beispiele. Man betrachte nur die massive Ausweitung der Geheimdienstbefugnisse in den meisten westlichen Staaten nach den Terrorakten vom 11.09.2001 in New York, die stets mit der Begründung erfolgte, man müsse aufgrund des Notstands einer unberechenbaren, potenziell allgegenwärtigen terroristischen Bedrohung dem Staat mehr Durchgriffsmöglichkeiten geben. In Deutschland wurde schon im Oktober 2001 z. B. die Rasterfahndung *präventiv* erlaubt, d. h., Daten von Krankenkassen, Einwohnermeldeämtern und anderen Stellen durften polizeilich ohne Gerichtsbeschluss verknüpft und zur Suche nach »Terroristen« eingesetzt werden; dies wurde 2006 wegen massiver datenschutzrechtlicher Bedenken wieder etwas eingeschränkt, aber nicht zurückgenommen. In den USA gilt seit Oktober 2001 der »Patriot Act«, 2015 modifiziert zum »Freedom Act«; beides euphemistische Bezeichnungen. Die Landeszentrale für politische Bildung Baden-Württemberg fasst den Inhalt zusammen: »Die Ermittlungsbehörden wurden ermächtigt, im großen Stil Daten untereinander auszutauschen und eine weitreichende Überwachung und Kontrolle der Zivilbevölkerung durchzuführen. Das Gesetz be-

stimmte überdies, dass Ausländer bei vorliegendem Verdacht ohne Gerichtsverfahren auf Anweisung des Justizministeriums für unbestimmte Zeit festgehalten werden dürfen. Falls sie der Mitgliedschaft in einer terroristischen Vereinigung verdächtigt wurden, konnten sie kurzerhand abgeschoben werden« (https://www.lpb-bw.de/terrorusa#c75802).

14. Mattias Desmets Buch *Die Psychologie des Totalitarismus* (München 2023), das stark auf Hannah Arendt und Gustave LeBon zurückgreift, bietet einen hilfreichen Ansatzpunkt. Seine Theorie habe ich im *Deutschlandfunk Kultur* am 03.07.2023 (»Massenpsychologie in der Krise«; https://www.deutschlandfunkkultur.de/massenpsychologie-solidaritaet-gemeinschaft-100.html) und im September 2023 im *Cicero* (»Die hyperkontrollierte Gesellschaft«; https://www.cicero.de/kultur/zur-psychologie-der-corona-jahre-mattias-desmet) eingehend diskutiert.
15. *Trust WHO*, Drehbuch Lilian Franck, Robert Cibis, Anja Nerall; Filmstart in Deutschland 01.03.2018.

2 Spaltung lebt vom Mitmachen

1. Aufgrund einer vagen Begriffsbestimmung von »Spaltung« als »Auseinanderklaffen« werden immer neue Befunde gestellt, die Spaltungen hervorheben. Zuletzt kam z. B. der Deutsche Beamtenbund (dbb) 2023 in einer Studie zu dem Schluss, dass die politischen Prioritäten zwischen Ost und West, Alt und Jung und entlang weiterer Gruppenmerkmale stark auseinanderfallen. »Die Gräben zwischen Ost und West, Arm und Reich, je nach Bildungsabschluss werden tiefer, und der gesellschaftliche Stresslevel steigt«, fasst der dbb-Vorsitzende Silberbach den Befund im *Focus* zusammen (https://www.focus.de/politik/deutschland/schock-umfrage-die-meisten-deutschen-halten-staat-fuer-ueberfordert_id_201915231.html). Das *Roman Herzog Institut* widerspricht einer generellen »Spaltungs-Diagnose«; zwar hielten die Hälfte der Deutschen die Gesellschaft für gespalten, doch lasse sich dies empirisch im europäischen Vergleich nicht überzeugend erhärten (wenn man von dem vagen Begriff der Spaltung als »Auseinanderklaffen« ausgeht, wäre zu ergänzen; https://www.romanherzoginstitut.de/fileadmin/user_upload/Publikationen/PDFs-Publikationen/RHI-Diskussion__Nr_36.pdf). Dass eine Mehrheit der Deutschen die vorherrschenden Meinungsverschiedenheiten für explosiv und bedrohlich hält, ergibt sich aus den zuvor angeführten Belegen bzgl. des Unwillens, Andersdenkenden zuzuhören und seine Meinung unbefangen zu äußern; s. o., Kapitel 1, Fußnoten 5 und 6. Wir werden im weiteren Gedankengang einen geschärften Begriff der »Spaltung« vorstellen, der dieses Unbehagen miterfasst und erklärt.
2. So wird er auch in allen hier zitierten Quellen verwendet; vgl. etwa die Verweise in der vorigen Fußnote und in Kapitel 4, Fußnote 9.

3. *Stowasser: Lateinisch-deutsches Schulwörterbuch*, Wien/München 1994; S. 100 s. v. »communico«.
4. Nietzsche spricht in *Der Antichrist* (2. Kapitel, S. 170) in Band 6 der *Kritischen Studienausgabe* (Hg. Colli/Montinari; München 1999) von einer moralinfreie[n] Tugend.

3 Kulturvirus Moralin

1. *Stowasser*, S. 403 s. v. »principium«.
2. Siehe dazu mein Buch *Erfolgsleere* (München 2020), S. 167 f. (»Das Alibi des Relativismus«) und eine vereinfachte Form der dortigen Argumentation im *Cicero* (»Relativisten schließen die offene Gesellschaft«; https://www.cicero.de/kultur/philosophie-werte-relativismus-postmoderne).
3. *Anthropologie in pragmatischer Hinsicht*, Leipzig 1912, S. 234 f.
4. Siehe dazu die Befunde, die in Fußnoten 5 und 6 in Kapitel 1 zitiert sind, und weiter oben S. 18 f.

4 Das Regime des Moralismus

1. Hierzu stellte der Linguist Holger Schmitt eine aufschlussreiche Studie an, in der er Milliarden Wörter in zahlreichen leserstarken Publikationen daraufhin analysierte, welche Worte in Verbindung mit welchen anderen in welcher assoziativen Nähe und in welcher Häufigkeit auftauchen. Darin beobachtet er u. a., dass die Gefahr, als »umstritten« markiert zu werden, Positionen aus dem linken politischen Spektrum kaum betrifft, jedoch je wahrscheinlicher wird, je stärker sie vom linksliberalen, v. a. von den Grünen markierten Hauptstrom der veröffentlichten Meinung abweichen. Auch die Behandlung der EU und Europas in den untersuchten Medien ist aufschlussreich. Josef Bayer fasst in der *Welt* zusammen: »Europa und die EU sind selbstverständlich nicht identisch. Geht es aber um Haltungen, dann werden diese Begriffe gerne gleichgesetzt. Auch dort, wo es klar um eine ablehnende Haltung gegenüber der EU und nicht gegenüber Europa geht, ist dann gerne die Rede von europafeindlich, antieuropäisch, von Pro-Europa-Kräften, mehr Europa oder mehr Europa wagen. Kritiker der EU werden auf diese Weise auf subtile Art als Feinde Europas verunglimpft« (zitiert aus »Welt« am 21.06.2023; https://www.welt.de/kultur/plus232535275/In-Medien-und-Politik-Wie-linkes-Framing-uns-manipuliert.html).
2. Im Gespräch mit der Journalistin Milena Preradovic habe ich einen Tweet des Bundeskanzlers über seinen Auftritt bei der Polizeigewerkschaft im Sommer 2022 analysiert, in dem der Regierungschef sich offenkundig demagogisch darum bemüht, Regierungskritik pauschal als extremistisch zu brandmarken und die Polizei ganz nebenbei auf die Bekämpfung dieser ihm missliebigen Meinungsäußerungen von angeblichen »Extremisten, Querdenkern [der Bundeskanzler

versteht dies offenkundig als Beleidigung; M. A.], und Verfassungsfeinden« zu verpflichten. Meine Analyse dazu ist nachzuhören zu Beginn des Interviews unter: https://punkt-preradovic.com/es-fehlt-der-demokratische-geist-mit-dr-michael-andrick/. Der fragliche Tweet des Bundeskanzlers ist abrufbar unter https://twitter.com/Bundeskanzler/status/1570057411037126657).

3. Immanuel Kant, »Beantwortung der Frage: Was ist Aufklärung?« in: *Berlinische Monatsschrift*, Dezember-Heft 1784, S. 481–494.
4. Für einen teilweise exemplarischen Diskussionsverlauf dieser Art vgl. die Sendung *Markus Lanz* vom 02.06.2022 (https://www.zdf.de/gesellschaft/markus-lanz/markus-lanz-vom-2-juni-2022-100.html).
5. Diesen einfachen Zusammenhang erklärt der Ökonom Manuel Frondel in der Sendung »Kontrafunk Aktuell« vom 02.08.2023 im Interview mit Jasmin Kosubek (https://www.deezer.com/de/show/3855287).
6. Für die USA schildert Wolin 2016 nach anderer Vorgeschichte ein sehr ähnliches kulturelles Ergebnis: »What is absent is the political, the commitment to finding where the common good lies amid the welter of well-financed, highly organized, single-minded interests rabidly seeking governmental favors« (Sheldon Wolin, *Democracy Incorporated*, Princeton 2017, S. 66).
7. Vgl. die Berichterstattung über eine Umfrage zur Angstbesetzung freier Meinungsäußerung durch das INSA Institut unter https://www.tichyseinblick.de/meinungen/insa-umfrage-meinungsfreiheit/. Die Frage, ob man meine, es gäbe Menschen, die ihre Meinung aus Angst nicht frei äußern, ist zur Bestimmung des Zustands der Meinungsfreiheit wichtiger als die direkte Frage, ob der Befragte *selbst* seine Meinung ohne Angst frei äußert. In einer Gesellschaft mit 70 % Regierungstreuen und 30 % Regierungskritikern ist für die Meinungsfreiheit nicht entscheidend, ob sich die Regierungstreuen, die keinesfalls Sanktionen für ihre Meinung zu fürchten brauchen, frei äußern – sondern ob die Regierungskritiker sich trauen, dies zu tun.
8. Vgl. S. 21 f. und Fußnote 10 in Kapitel 1.
9. Jochen Roose, etc. *Politische Polarisierung in Deutschland*, vgl. S. 21, 25, 27: https://www.kas.de/documents/252038/11055681/Studie+Politische+Polarisierung.pdf/a36c964d-1d6a-66d1-288b-b22629110fd7.
10. Niklas Luhmann hat die Art und Weise, wie Massenmedien die Wirklichkeit weniger berichten bzw. abbilden als stellenweise erzeugen, in seiner klassischen Untersuchung *Die Realität der Massenmedien* (München 2009; [1]1996) dargelegt. Er betont insbesondere das Beharrungsvermögen einmal berichteter oder erfundener Geschichten, an die anzuknüpfen oder die zu bestätigen für jeden Redakteur sozial sicherer und zudem mit weniger Arbeitsaufwand verbunden ist, als sie zu revidieren.
11. Vgl. den Abschnitt »›Gerechte Sprache‹ sprechen?« und für aktuelle Umfragezahlen t-online vom 23.09.2023 unter https://www.t-online.de/nachrichten/pa-

norama/id_100248140/exklusive-umfrage-drei-viertel-der-deutschen-lehnen-das-gendern-ab.html).

12. Norbert Häring führt ein »Cancel-Tagebuch«, das zahlreiche jüngere Fälle auflistet (https://norberthaering.de/cancel-culture-dokumentation/).

5 Volkserziehung im Moralgefängnis

1. Alle folgenden Zitate stammen aus dem Entwurf zum Demokratiefördergesetz, abrufbar unter: https://www.bmfsfj.de/resource/blob/207618/74e22fd6031602da1157b0cb0386a426/gesetzesentwurf-demokratiefoerdergesetz-data.pdf. Der Entwurf wurde im Bundeskabinett am 14.12.2022 angenommen und ein entsprechendes Gesetz wird von der Bundesregierung für die erste Jahreshälfte 2024 angestrebt. In diesem Kapitel verwende ich Gedanken und Formulierungen aus meiner Kolumne »Scholz wählt sich ein neues Volk«, erschienen in der *Berliner Zeitung* am 09.01.2023; (https://www.berliner-zeitung.de/politik-gesellschaft/olaf-scholz-waehlt-sich-ein-neues-volk-li.305208).
2. Der Deutschland-Monitor des Beauftragten der Bundesregierung für Ostdeutschland ist abrufbar unter https://www.ostbeauftragter.de/resource/blob/2038516/2137170/0f1b286c3e0757e7fa64d83d98ac560f/download-bericht-zur-deutschen-einheit-2022-data.pdf?download=1#page=89 (die zitierten Umfragen siehe S. 92). Der ARD-Deutschlandtrend ist abrufbar unter https://www.tagesschau.de/inland/deutschlandtrend/dtrend-okt-2022-101.pdf, die Forsa und RTL/N-TV-Umfrage unter https://www.n-tv.de/politik/RTL-ntv-Trendbarometer-SPD-zieht-wieder-mit-den-Gruenen-gleich-article23690222.html.
3. So die Umfrage unter »Projektumsetzenden«, S. 96 (https://www.demokratie-leben.de/fileadmin/Demokratie-Leben/Downloads_Dokumente/Publikationen/Abschlussbericht_Demokratie_leben_2015_-_2019.pdf).
4. Ibid., S. 94
5. In: »Deutschland braucht Demokraten, aber kein *Demokratiefördergesetz*«, Alexander Kissler in der *Neuen Züricher Zeitung* am 14.12.2022
6. In Europa ist Zensur seit August 2023 gesetzliche Forderung und wird breit in einer öffentlich-privaten Partnerschaft von Technologiekonzernen und Regierungen praktiziert. Vgl. hierzu einführend den Überblicksartikel von Johannes Moosmann, der quellennah erläutert, wie in der EU die »Errichtung einer Infrastruktur zur permanenten Überwachung, Kontrolle und Moderation der Medienlandschaft« eingeführt wurde (https://norberthaering.de/propaganda-zensur/mosmamm-meinungsfreiheit/).
7. In diesem Kapitel verwende ich Gedanken und Formulierungen aus meinen Essays »Die Fakten und ihre Checker« (*Der Freitag* 21/2022) und »Was tun Faktenchecker?« (*Berliner Zeitung* 10.08.2022).

8. Eine solche Rufmordkampagne weist das *Multipolar Magazin* im Falle Wolfgang Wodargs minutiös nach; https://multipolar-magazin.de/artikel/faktenchecker-gegen-wodarg.
9. In Europa sind mehrere Dutzend Faktenchecker-Organisationen am Werk, die von unterschiedlichen Geldgebern finanziert werden. Wie die *Nachdenkseiten* recherchierten, sind US-basierte Milliardäre in allen privat gegründeten Faktenchecker-Organisationen vertreten und es bestehen enge Verflechtungen zu den für die internationale Meinungsbildung bestimmenden Tech-Konzernen wie *Facebook* und *Google* (https://www.nachdenkseiten.de/?p=84691). Ein besonders groteskes Beispiel bezahlten, regierungstreuen »Wadenbeißertums« durch Faktenchecker war am 20.09.2023 in der ARD zu beobachten. Die »Klima-Aktivistin« Luisa Neubauer entgegnete in der Sendung *Maischberger* beim Thema Stromimporte dem bayerischen Wirtschaftsminister Markus Blume (CSU), der auf die Tatsache des Netto-Stromimports nach Deutschland aufmerksam gemacht hatte, mit allergrößtem Selbstbewusstsein: »Wir sind Netto-Exporteur. Das ist wirklich Fake-News, was Sie hier verbreiten. Wir sind Netto-Stromexporteur.« Daraufhin erschien ein ARD-Faktencheck des Inhalts, dass Frau Neubauers Ausführungen nicht falsch gewesen seien; bis die Neubauer-Verteidiger der ARD nach zahlreichen Widerworten auf den sozialen Medien in der *vierten* korrigierten Version ihres »Faktenchecks« nicht mehr umhinkonnten, Frau Neubauers Unfug auch als solchen zu bezeichnen: »Die Aussage von Luisa Neubauer in unserer Sendung vom 20.9.23 ›Wir sind Netto-Stromexporteur‹ ist also nicht korrekt. Deutschland importiert nicht nur seit April 2023 mehr Strom, als es exportiert, sondern weist nun darüber hinaus auch von Januar bis September insgesamt für das Jahr 2023 einen Importüberschuss aus. Und das, nachdem Deutschland über Jahre – in der Tat bis 2022 – stabil einen Exportüberschuss aufweisen konnte. Es sind also keine ›Fake News‹, sondern statistisch belegt, dass Deutschland derzeit mehr Strom importiert als exportiert« (https://twitter.com/maischberger/status/1705684338522624488).
10. Die Kulturstaatsministerin Claudia Roth ist offen zur Vergütung von Journalismus mit öffentlichen Geldern übergegangen (nachzulesen unter: https://www.bundesregierung.de/breg-de/bundesregierung/bundeskanzleramt/staatsministerin-fuer-kultur-und-medien/aktuelles/bund-foerdert-projekte-zur-strukturellen-staerkung-des-journalismus-foerderung-von-zehn-projekten-mit-rund-2-3-millionen-euro-2069936). Bundestags-Drucksache 20/5822 enthält die Antwort auf eine Anfrage der AfD-Fraktion, ob die Regierung Journalisten bezahle. Daraus ist auch zu entnehmen, dass der Bundesnachrichtendienst Journalisten vergütet, deren Namen jedoch nicht mitgeteilt werden. Man ist in der Bundesregierung der Meinung, dass es dem Staatswohl diene, dass die Bevölkerung nicht weiß, welche Journalisten sie für Tendenzartikel gegen Regierungskritiker anheuert und die für sie Erzählungen in die Welt setzen, die das Handeln der Regierung stützen und

ihr etwaiges Versagen oder ihre Untätigkeit verschleiern. Nur dies kann der Sinn der regierungsseitigen, gar noch der geheimdienstlichen Bezahlung von Journalisten sein.

11. Website: https://no-hate-speech.de; ihre Unterstützung durch das Bundeskanzleramt im Jahre 2017 geht aus Bundestags-Drucksache 19/5134 hervor, abrufbar unter: https://kleineanfragen.de/bundestag/19/5134-die-neuen-deutschen-me dienmacher.txt.
12. Statement des Bundesministeriums der Justiz abrufbar unter: https://www.bmj.de/SharedDocs/Artikel/DE/2021/0401_Gesetzespaket_gegen_Hass_und_Hetze.html
13. Webseite: https://no-hate-speech.de, s. v. »Was ist eigentlich »Hate Speech?« Die fehlerhafte Grammatik findet sich so im Originaltext.
14. Abgerufen unter https://www.antidiskriminierungsstelle.de/SharedDocs/downloads/DE/Sonstiges/20230718_AGG_Reform.pdf?__blob=publicationFile&v=7.
15. Eine ebensolche Vermengung liegt, etwas anders gelagert, bei vielen Begriffen vor, die den öffentlichen Diskurs moralinsauer machen. Ein weiterer Fall dieses Musters ist z. B. »Wissenschaftsleugnung«: Wissenschaft ist ein methodisch nach allgemeinen Grundsätzen vorangetriebener Erkenntnisprozess – also etwas, das »leugnen« zu wollen logisch unstimmig ist. Leugnen kann ich nur eine Tatsache. Wissenschaft wird also von denen, die anderen »Wissenschaftsleugnung« vorwerfen, als ein Korpus feststehender Tatsachen behandelt und nicht als Erkenntnisprozess. Hier zeigt sich dieselbe Fehlleistung oder Manipulation, die dem Faktencheckertum zugrunde liegt (vgl. den Abschnitt »›Die Fakten‹ checken?«).
16. Dieser Entwicklung habe ich zwei Satiren gewidmet: »Mit der Meldestelle Anti-Feminismus gegen Antifeminismus im Netz« (https://www.nachdenkseiten.de/?p=101559) und »Wie ich meine Meldestelle Anti-Intellektualismus bekam« (https://www.cicero.de/kultur/meldestelle-anti-intellektualismus-parabel-fast-wahre-geschichte).
17. In der Folge fließen Gedanken und Passagen aus meinem Essay »Die Sprache *gerecht* machen?« ein, der im September 2023 in *Tichys Einblick* erschien (https://www.tichyseinblick.de/meinungen/die-sprache-gerecht-machen/).
18. Das *Dudel*-Team könnte nun seine fundamentale Prämisse von der ungerechten Sprache etwas abmildern: »Nun gut, nicht die ganze Sprache ist ungerecht. Es gibt aber Diskurse in der etablierten Sprache, die ungerecht sind, und die wollen wir gezielt korrigieren.« Ein Diskurs ist die Summe dessen, was in einer Sprechergemeinschaft zu einem bestimmten Thema gesagt wird. Nun kann es in einer Sprache entweder einen oder aber mehrere Diskurse geben, die das *Dudel*-Team als »ungerecht« bezeichnen möchte. Sollte nur ein Diskurs korrigiert werden (z. B. der über Hausarbeit in Familien), so bräuchte es keine neuen Sprachkonventionen, sondern einfach nur einige wenige geänderte Ausdrücke und Rede-

wendungen. Wir müssen also vernünftigerweise davon ausgehen, dass es Team *Dudel* im Plural um Diskurse geht, die »gezielt korrigiert« werden sollen. Alles andere wäre auch politisch unsinnig: Man muss schon die zentralen Probleme des Zusammenlebens sprachlich »in Ordnung bringen«, wenn eine neue Gesellschaft realisiert, etwa »das Patriarchat« überwunden oder endgültig »Rassismus die rote Karte« gezeigt werden soll. Und in diesem einzig realistischen Szenario wird die Standardantwort des *Dudel*-Teams auf jeden Einwand gegen eine Markierung dieser oder jener Redeweise als »ungerecht« wieder greifen. Schließlich kennen wir viele Diskurse, die von der *Dudel*-Community bereits beackert werden: Das Sprechen über Frauen, Männer, Hautfarbe, Herkunft (geographisch wie sozial), Migration, Geschichtsschreibung, Philosophie, Sexualität, usw. usf. Da ist es immer leicht möglich, etwas zu finden, was an bisher unkorrigiertem Sprechen (und damit auch Denken) in dem jeweiligen Einwand aufscheint: »Sie erkennen nicht, dass dieser Ausdruck Frauen diskriminiert, weil ihre patriarchale Haltung von unserer ganzen Sprache gepflegt und gestützt wird«, »Sie betrachten das aus der typischen heteronormativen Brille, die Schwule und Lesben gar nicht mitdenkt ...« – oder so ähnlich.

19. Der *Stern* fasst die jüngste *RTL/N-TV*-Umfrage dazu mit einem markanten Fehler zusammen: Es störe »73 % der Bundesbürgerinnen und -bürger, wenn Personen ›Genderzeichen‹ wie Sternchen, Unterstrich, Doppelpunkt oder eine Pause zu Hilfe nehmen, um geschlechtsneutral zu sprechen. [...] 22 % der Befragten finden es gut [...]. Abgelehnt wird das Gendern von einer großen Mehrheit im Osten wie im Westen des Landes [...]. Männer stehen dem Thema noch deutlicher gegenüber (77 dagegen, 18 % dafür) als Frauen (70 zu 26 %). [...] Die einzige Gruppe, die Gendern mehrheitlich gut findet, sind die Anhänger der Grünen (58 %).« (https://www.stern.de/gesellschaft/gendern--grosse-mehrheit-der-deutschen-laut-forsa-umfrage-davon-genervt-33661462.html).

20. Dass Politik unter neuzeitlichen Bedingungen nicht mehr als Durchsetzung der sittlichen Wahrheit verstanden werden kann und darf, habe ich systematisch in meinem Buch *Göttlicher Wille und menschliche Macht* dargelegt (München 2010; vgl. insbsd. Kap. 3 »Was soll die praktische Vernunft?«). Bei tatsächlicher weltanschaulicher Pluralität bedeutet eine Politikauffassung, nach der alles in den Dienst der Wahrheit gestellt werden muss, die einige Menschen erkannt haben und andere eben nicht, nichts weniger als die offene Erklärung des Kriegszustands.

21. Ernst-Wolfgang Böckenförde, »Die Entstehung des Staates als Vorgang der Säkularisation« In: *Recht, Staat, Freiheit.* München 2006, S. 112 f.

22. Vgl. Fußnote Fußnote 6 in Kapitel 1.

6 Bedrohung und Befreiung

1. Edward S. Herman und Noam Chomsky, *Manufacturing Consent – The Political Economy of the Mass Media*, Toronto 1988, vgl. Kapitel 1
2. Angela Merkel zitiert im *Spiegel* am 05.10.2008 (https://www.spiegel.de/wirtschaft/merkel-und-steinbrueck-im-wortlaut-die-spareinlagen-sind-sicher-a-582305.html).
3. Diese Liste entnehme ich dem hilfreichen Übersichtsartikel zur Finanzkrise 2008 f. von Jan Priewe (»Von der Subprimekrise zur Weltwirtschaftskrise – unterschiedliche Erklärungsmuster«, in *Wirtschaftsdienst – Zeitschrift für Wirtschaftspolitik*, 90. Jahrgang, 2010, Heft 2, S. 92–100).
4. Die Traumatisierung sowohl der Kriegs- wie oft intergenerational auch der Nachkriegsgeneration spielt für den Umgang der Deutschen mit moralischen und politischen Fragen bis heute eine wichtige Rolle, die hier nicht eingehend behandelt werden kann. Eine psychologische Aufarbeitung dieser Fragen bietet Raymond Unger in seiner Trilogie *Die Wiedergutmacher* (München 2019), *Vom Verlust der Freiheit* (München 2021) und *Die Heldenreise des Bürgers vom Untertan zum Souverän* (München 2023). Grundlegend ist für ihn ein emotionales Defizit der kriegsbetroffenen Generationen: »Der Mangel authentisch-liebevoller Zuwendung durch kriegstraumatisierte Eltern erzeugte bei der Nachfolgegeneration der deutschen Babyboomer Selbstzweifel und Schuldgefühle. Narzisstische Persönlichkeitsmuster, die sich aufgrund des Transtraumas herausbildeten, resonieren in besonderer Weise mit global lancierten Schuld- und Angstnarrativen, hinter denen sich oftmals oligarchische Interessen verbergen« (*Heldenreise*, S. 17). Aus dieser Einsicht ergibt sich für Unger nach genauerer psychologischer Untersuchung, warum die Deutschen in der Flüchtlingskrise, aber auch bei Klimaschutz- und Corona-Politik zu einer Übererfüllung normativer Vorgaben unterschiedlichster Stellen mit stellenweise totalitärer Haltung neigten.
5. In diesem Kapitel verwende ich einige Gedanken und Formulierungen aus diesem Essay (*Der Freitag*, 35/2022).
6. Vgl. Wikipedia s. v. »Projektion«
7. Burkhard Müller-Ulrich kommt das Verdienst zu, die übelsten, oft menschenverachtenden Entgleisungen in totalitärem Geist schwarz auf weiß fixiert und herausgegeben zu haben (vgl. die umfangreiche Dokumentation *Ich-habe-mitgemacht. Das Archiv des Corona-Unrechts*, Basel 2023.) Marcus Klöckner und Jens Wernicke haben bereits zuvor aus dieser umfangreichen Zitatesammlung geschöpft und ihre Auswahl mit einordenden und theoretisch vertiefenden Überlegungen versehen (vgl. ihr Buch *Möge die gesamte Republik mit dem Finger auf sie zeigen*, München 2022).
8. Im Folgenden verwende ich Gedanken und Passagen aus meinem Rezensionsessay zu *Die Psychologie des Totalitarismus* (München 2022), der im Oktober 2023 im *Cicero* erschien. Die Seitenangaben in diesem Abschnitt beziehen sich auf

Desmets Buch und auf Hannah Arendt, *Elemente und Ursprünge totaler Herrschaft*, München [9]2003.

9. Nachweise in *Das Archiv des Corona-Unrechts*, S. 53 und 323 (Stempfle, die Zitate stammen vom 22.09. und 21.12.2021), 266 (Stinner) und 11 (Hans). Die Zitate Voorens sind aus seiner Kolumne in der *Zeit* vom 19.11.2021: »Die Gesellschaft muss sich spalten«.
10. Vgl. https://antifeminismus-melden.de
11. Vgl. den Abschnitt »›Die Demokratie‹ schützen?« und Bundestagsdrucksache 20/5822 zur Bezahlung von Journalisten durch Regierung und Geheimdienste.
12. Alle Zitate stammen aus »Policy Brief 8 – Information Integrity on Digital Platforms« vom Juni 2023 (https://www.un.org/sites/un2.un.org/files/our-common-agenda-policy-brief-information-integrity-en.pdf).
13. Vgl. oben, Fußnote Fußnote 6 in Kapitel 5. Die Originaltexte der europäischen Zensurgesetzgebung sind https://digital-strategy.ec.europa.eu/en/policies/digital-services-act-package abzurufen, wo sie einrahmend auch EU-offiziell als Dienst am Guten, Schönen, Rechten und der Freiheit dargestellt sind.
14. In großer Detailtiefe hat Laura Kölsch den Sachstand des Oktober 2023 nach juristischen Gesichtspunkten geordnet in ihrem Artikel »Kommt die globale Gesundheitsdiktatur?« zusammengefasst (https://netzwerkkrista.de/2023/10/16/kommt-die-globale-gesundheitsdiktatur/amp/).
15. Der Text des §130 Strafgesetzbuch ist online abrufbar unter: https://www.gesetze-im-internet.de/stgb/__130.html. Eine Einordnung der Missbrauchsgefahren des neu eingefügten Absatzes von Hasso Suliak ist in der *Legal Tribune Online* abrufbar (https://www.lto.de/recht/hintergruende/h/volksverhetzung-voelkermord-kriegsverbechen-groeblich-verharmlosen-billigen-leugnen-130-stgb-holocaust/).
16. Ronen Steinke hat in seinem Buch »Verfassungsschutz – Wie der Geheimdienst Politik macht« (München 2023) dargelegt, dass es sich beim Verfassungsschutz um ein politisches Instrument der Regierung handelt, mit dem sich unliebsame Oppositionsgruppen als Extremisten brandmarken lassen. Rund 8 000 Agenten stehen in der Fläche des Landes dafür bereit, also im Durschnitt 500 pro Bundesland. Steinkes Recherchen zufolge schauen diese Agenten ausschließlich darauf, »wo sich Protest und Opposition zusammenbraut«. Er kommt zu dem klaren Urteil, dass der Verfassungsschutz in seiner jetzigen Form »nicht zu einer Demokratie passt« und aufgelöst gehöre. Er könne stets nur die Gefahren für die Demokratie, »die aus der Opposition kommen«, benennen, wegen der Unterstellung seines jederzeit abberufbaren Leiters unter den Bundesinnenminister jedoch niemals »die Gefahren für die Werte des Grundgesetzes, die aus dem Herzen der Macht, aus der Regierung kommen« (https://www.deutschlandfunkkultur.de/ronen-steinke-der-verfassungsschutz-passt-nicht-in-eine-liberale-demokratie-dlf-kultur-d6efedb7-100.html). Steinke hält sich in diesem Interview im

Deutschlandfunk Kultur und auch in einem zeitgleich entstandenen Radiokommentar auf penible Weise an die Leitplanken des Regimes des Moralismus. Er unterwirft sich völlig der Logik der »Kontaktschuld« und offeriert der *guten Gesellschaft* moralische Zugehörigkeitsbekenntnisse, die in ihrer unbändigen Anbiederung peinlich berühren können. Den Radiokommentar beginnt er so: »Es wird Sie vielleicht überraschen, liebe Hörerinnen und Hörer, dass ein Jurist und leidenschaftlicher Anhänger unseres liberalen Rechtsstaats, der nichts mehr verachtet als den Rassismus in der AfD, den Antisemitismus und den Antifeminismus in dieser Partei, dass ein Jurist wie ich also dennoch sagt: Es gibt einen Punkt, da hat die AfD derzeit nicht ganz Unrecht« (https://www.deutschlandfunkkultur.de/kommentar-verfassungsschutz-afd-steinke-100.html). Dazu ist nur zu sagen: Sicherlich bezieht Steinke sich bei diesen Pauschalvorwürfen gegen die aktuell unliebsame AfD auf politisch unbeeinflusst gewonnene Erkenntnisse des Verfassungsschutzes, den er wegen politischer Abhängigkeit von der Regierung abgeschafft sehen will.

17. Von hier ab verwende ich in diesem Kapitel Gedanken und Formulierungen, die ich zuerst in einem Politischen Feuilleton des *Deutschlandfunk Kultur* (»Moralische Verdammung schließt die *Bösen* aus«; 10.01.2022) und genauer in dem Essay »Die Aufkündigung der Republik« (*Die Welt* am 28.01.2022) formuliert habe.